汉语口语成分的
话语分析

张旺熹　著

北京语言大学出版社
BEIJING LANGUAGE AND CULTURE
UNIVERSITY PRESS

图书在版编目（CIP）数据

汉语口语成分的话语分析 / 张旺熹著. — 北京：
北京语言大学出版社，2012.12
　ISBN 978-7-5619-3440-1

　Ⅰ.①汉…　Ⅱ.①张…　Ⅲ.①汉语—口语—句法—研
究　Ⅳ.①H146.3

　中国版本图书馆 CIP 数据核字（2012）第 317921 号

书　　名：	汉语口语成分的话语分析
	HANYU KOUYU CHENGFEN DE HUAYU FENXI
责任印制：	汪学发

出版发行：**北京语言大学出版社**

社　　址：北京市海淀区学院路 15 号　　　邮政编码：100083
网　　址：www.blcup.com
电　　话：发行部　8610-82303650 / 3591 / 3651
　　　　　编辑部　8610-82303647 / 3592 / 3395
　　　　　读者服务部　8610-82303653 / 3908
　　　　　网上订购电话　8610-82303668
　　　　　客户服务信箱　service@blcup.com
印　　刷：北京中科印刷有限公司
经　　销：全国新华书店

版　　次：2012 年 12 月第 1 版　　2012 年 12 月第 1 次印刷
开　　本：787 毫米×1092 毫米　　1/16　　印张：11.75
字　　数：181 千字
书　　号：ISBN 978-7-5619-3440-1 / H·12230
定　　价：32.00 元

　　本研究及其成果的出版受教育部人文社会科学重点研究基地重大项目（02JAZJD740020）和北京语言大学责任教授支持经费（2006年）的共同资助。

内容提要

本书主要以电视剧台词为口语语料样本，以话语功能探索为主旨，重点就与汉语人称代词相关的典型口语成分等进行话语分析。本书着重探讨的汉语口语成分有：（1）副词"可"，（2）人称代词类话语标记，（3）"人称代词+NP"复指结构，（4）人称代词"人家"，（5）人称代词复用结构。在对这五种成分的词汇、语法特征进行定量统计、分析和描写的基础上，本书着力揭示这些成分在话语场景中所体现出来的话语特征与话语功能，并就相关的理论问题进行初步的探讨。我们希望本研究能够有助于汉语口语研究的深化，有助于对外汉语口语语法教学的改进。

Abstract

This book, with seven chapters in it, carries out a series of discourse analyses toward five typical colloquial components in Mandarin and emphasizes the discourse functions of these components. It is discussed as follows:

Chapter 1 provides the background information of the research, including the objects, purposes, rationale and characteristics of the research. It also introduces the literature review and development trend, so as to present an overview of the latest discourse analyses on Mandarin colloquial functions.

Chapter 2 focuses on the semantic function of the adverb *ke* by employing corpus from interlocutions. We believe that the adverb *ke* in modern Chinese derives its meaning of "permission" in ancient Chinese, and various semantic functions of the adverb *ke* in modern Chinese are semantically based on that. The adverb *ke* is usually used in interlocutions to give prominence to the [+expectancy] of the listener/speaker and activate the interaction of the interlocution. In general, the adverb *ke* is a metalinguistic element explicating the subjective expectancy of the listener/speaker and activating the interlocution framework.

Chapter 3 focuses on the important role a personal pronoun plays and analyzes the sentences in which the structure "pron. +*kan/shuo/xiang*" is used as a discourse marker. Research shows that when different personal pronouns enter the structure, both the capability and the function of the discourse markers show systematic asymmetry. Based on this finding, the theories of subjectivity, intersubjectivity and interlocution frame are used to provide further theoretical explanations.

Chapter 4 conducts a quantitative study of the dialogues in the TV play *Drawing Sword* to investigate the anaphoric construction "personal pronoun + NP", as in *wo Li Yunlong* (I, Li Yunlong), from the perspectives of its internal structure, the semantic features of the NP, the predicates of the sentence, and modality, etc. We treat such an anaphoric construction as an implicit predicative structure, in which the "NP" highlights certain [+attribute] feature of the referent in the current discourse context to express a strong subjectivity. Highlighting the strong subjectivity restricts the [-event] feature of the sentence to a large extent. Thus, the anaphoric "personal pronoun + NP" is regarded as possessing a unique discourse function, which serves to highlight certain attribute of its referent, and consequently to stipulate the subjective assessment of the speaker toward the referent or the referent's specific behavior in the current discourse context.

Chapter 5 conducts a data analysis focusing on the dialogues from the conversational scenes in three TV plays. We propose that the personal pronoun *renjia* is a discourse device with empathetic function. The speaker uses *renjia* in a scene of persuasion to highlight certain characteristics of the referent, and to demand empathy for the referent from the hearer, so as to achieve his/her 'persuasive' communicative intention. The empathetic function of *renjia* is required by the internal mechanism of the scene of persuasion, and is also the fundamental motivation for *renjia* to develop into a "universal pronoun".

Chapter 6 studies the dialogues from the TV play *Naked Wedding* to investigate the discourse function of the personal pronoun repetitive structure, such as '*Ni gan shenme ya ni*?' (What are you doing, you?) This chapter offers an overview of the structure in corresponding discourse context and investigates the pragmatic marker, pro-sentence function, and the particlization of Mandarin repetitive pronoun. As a discourse structure, sentence of this kind is used to release the speaker's negative emotions. Such a pronoun helps the speaker release his feelings and thus is likely to change into a particle.

Chapter 7 is the conclusion. It summarizes the major research findings on discourse analyses in this book, illustrates our understandings on this topic, and makes a proposal for the future grammar study on colloquial Mandarin.

Key Words

anaphoric construction / 复指结构

discourse analysis / 话语分析

discourse function / 话语功能

discourse marker / 话语标记

emotional release / 情感宣泄

empathy / 移情

[+expectancy] / [+ 预期]

implicit predicative relationship / 隐性述谓关系

interlocution framework / 对话框架

intersubjectivity / 交互主观性

ke（adverb）/ "可"（副词）

personal pronoun / 人称代词

the scene of persuasion / 劝解场景

prominence / 突显

renjia（personal pronoun）/ "人家"（人称代词）

repetitive pronoun / 复用代词

repetitive structure / 复用结构

characteristics of the role / 角色特征

subjectivity / 主观性

序

　　我和旺熹是在 1984 年相识的，当年旺熹和中富、振兰、程娟一起，是我招收的第一届硕士研究生。他们入学后，我们相处得非常融洽，在教学方面我们是互尊互敬的师生，教学相长，一丝不苟；在生活方面我们是诚挚的朋友，朝夕相处，无话不谈；在科研方面我们又是亲密的战友，团结一致，迈过种种困难，刻苦攻坚。记得那是 1986 年，我和盛玉麒、张树铮、王新华等老师，开始探讨语言学和中文信息处理结合研究的问题，并开始了《信息处理用现代汉语三万词语集》的研制工作，旺熹他们四人都被纳为课题组成员。当时我们的研制工作非常艰苦，资料匮乏，时间紧迫，一切都在探索中前进。他们四人更是肩负着重任，集学习词汇学、写作毕业论文、完成分担的科研任务于一身，甚至两个月的暑假，我只给了他们十天的休息时间。当时我也曾暗自想过，是不是压给他们的担子太重了，但在现实面前，看着他们都高兴地承担着一切，那种勇于学习、积极向上的态度，又让我感动，终于最后大家都圆满地完成了任务。至今回想起这一切，许多情景仍历历在目。从八四年相识到现在，转眼间已匆匆闪过了二十八年，可贵的是，在这期间我们却从未间断过联系，浓浓的师生之情与日俱增。

　　旺熹硕士毕业后被分配到北京语言大学工作，并开始从事语法专业的教学与研究，因为他为人真诚朴实、学风严谨踏实，所以我相信他会做好工作的。但是想到他学的是词汇学，怎么去教语法呢，所以又不免为此担心过。让我高兴的是，旺熹从事语法教学不久，他就能够把语法和语义结合起来分析和思考问题，并从此开始走上了一条当时还是比较新颖的结合语义研究语法的正确的科研道路。由于他勤于钻研、勇于探索，经过这些年来的努力，他终于在教学和科研上取得了令人注目的成绩，并在学术上开辟出了一片令大家首肯的新天地。

　　这些年来，旺熹不仅发表了许多学术论文，同时还出版了两本语法学专著，而且他在语法研究中总能不断地提出新的观点，总结出新的规律，每每看到这些成果，我都感到十分欣慰。但我在欣赏这些成果的同时，又常想到他还应该补充点什么，因为在他的文章中，虽然有时也能结合语境等方面来分析问题，但多数却还是以语法的静态形式为对象来进行研究的。事实上，语言的整体应该是由其静态形式和动态形式两个部分构成，静态形式中包含着整个语言系统中的各种元素和功能，但从其性质来说，这些元素都是备用的，其交际功能也是潜在的，只有当这些元素被人们运用起来，组成话语进入到动态应用的过程中，才形成了表达思想的言语交际行为，这时不但它的交际功能会被激活，而且这些元素也会活跃在各种不同的语境中，并开始获得语境所给予它们的更丰富多样的词汇和语法方面的言语内容，这些新的成分，一旦被约定俗成后，又会被送入到静态系统中去，从而促成整体语言的发展。所以我认为，研究语言，研究其静态的内容是完全必要的，因为它是我们认识语言系统的基础，但同时更应该对它的动态状况进行研究。如果将语言成分置于动态的言语交际环境中进行观察和分析，肯定会发现它们能获得更多的、有生命的言语内容。让我没想到的是，前几天我得到了旺熹又要出版新书的消息，并很快就收到了他寄来的新书稿，看着书稿上那醒目的《汉语口语成分的话语分析》的书名，真让我又高兴又兴奋。很明显，这本对口语成分话语分析的书，肯定就是从动态应用的角度来进行研究的，我们竟然都想到一起去了。

《汉语口语成分的话语分析》是旺熹继《汉语特殊句法的语义研究》和《汉语句法的认知结构研究》之后的第三本语法学专著，也是他进行语法动态研究的新成果。书中集中对汉语中的副词"可"、人称代词类话语标记、"人称代词＋NP"复指结构、人称代词"人家"、人称代词复用结构等五种典型的口语成分，从词汇和语法特征入手进而推进到话语层面，深入地进行了多角度的观察、分析和描写。书中的内容不仅展示了这些词汇语法成分在动态应用中的多姿多彩，而且更说明了静态的语言成分在言语应用中就会从语境的各个方面获得更新的生存和发展的力量，并能够进一步显现出无限的表现力和旺盛的生命力。

　　我为旺熹取得这一语法动态研究的新成果而无比高兴，更深深感到他在学术道路上又有了新的跨越，他的科学研究工作已越来越走向深入和成熟，我相信他永远都会这样踏实地、一步步地向前迈进着。

　　在这本新书即将出版之际，写下以上的话，以表示我真诚的鼓励和祝贺吧。

葛本仪

2012 年 3 月 6 日写于山东大学

目 录

第一章 绪言

提　要　本章主要从研究对象、研究主旨、理论基础和研究特点四个
　　　　　方面简要说明本研究的背景，并对汉语口语功能（话语）研
　　　　　究的概况，从研究脉络、文献回顾以及发展趋势三个方面做
　　　　　简要的梳理。

关键词　口语　研究背景　文献概览

第一节　研究背景

本书名叫《汉语口语成分的话语分析》，其关键词是两个："汉语口语"
和"话语分析"。下面，我们将从四个方面对这两个关键词做些背景说明，
以方便读者进一步了解和理解本书的主旨及基本研究思路。

1. 为什么要研究口语？

在过去十几年的语法研究中，我们的兴趣基本是在基于一定规模的书
面语语料的汉语特殊句式的语义和认知研究上。2008 年以来，我们转而开
始关注汉语口语，尤其是电视剧的口语对白。这种研究兴趣和研究重点的
转变，是与以下一些认识密切相关的。

首先，在长期的研究中人们越来越认识到，就语言的交际本质而言，
口语（尤其是对话）较之书面语，是更为基础性的，因而也是第一性的语
言运作体制，它体现着更为鲜活的语言生命特征。因而，对口语的研究能
够帮助我们更加全面而准确地把握语言的本质及其丰富的变化特征，这也
正是口语语法的魅力所在。

其次，随着汉语认知语法和功能语法研究的进一步深化和推进，人们

对汉语的主观性、交互主观性、语气和情态①以及对言语行为等问题也就更加重视。在对这些问题研究的过程中，人们越来越认识到，对这些问题的探讨将在更广和更深的层面上有赖于汉语口语语料的支撑，因为真实的口语语料能够为这些问题的研究提供更为本质、更为全面和更为直观的语言信息。近年来，汉语语法研究的许多成果，已经体现出人们的这种研究价值取向。这是十分可喜的现象。

再次，在汉语语法学界，近年来出现了一种较为强烈的基于语体分类的语法研究的呼声。陶红印（1999）、李泉（2003）、方梅（2007）、张伯江（2007）、冯胜利（2010、2011）等，都从不同的角度强调语体分类的研究对深化语法规律认识的重要价值。这种研究意识的强化对我们过去语体分类意识的淡薄产生了很大的冲击。我们也深刻地感到，汉语语法体制在不同的语体中的确存在一些不同的成分（语音、词汇、语法及话语的），它们都有各自相对独立的运作机制。过去人们对这些成分和运作机制的研究，在没有语体分类或是语体含混的背景下，有许多问题是再难深入下去的。因此，为了汉语语法研究的精细化，大力开展语体分类的语法研究已是势所必然。

最后，从汉语研究来说，汉语口语语法研究有着优良的传统和良好的基础。我国汉语语法研究一百多年的历史表明，我们的语法研究，长期以来特别是改革开放以来，已经形成了重视口语研究的良好传统：赵元任、吕叔湘、丁声树、朱德熙、胡明扬等一大批前辈学者，都在汉语口语语法研究领域辛勤耕耘，做出了宝贵的贡献。这是我们后辈所要好好学习并认真发扬光大的优良传统。但是，我们也不无遗憾地看到，就汉语口语语法研究所做的工作而言，与口语（对话）在语言系统中的基础性和重要性相比，其成果还远远不能说是全面、系统和丰厚的。因此，在汉语口语语法研究方面，尤其需要我们继续加倍努力。

2. 为什么要重点研究人称代词及其相关结构？

本书主体的章节由五个专题研究构成，其中有四个专题涉及汉语人称代词及其相关结构。之所以重点选择这样的对象，是因为我们对汉语人称

---

① 本书中所用的"情态"有两种含义：一种是"modality"，另一种是"情感态度"。

代词在汉语（尤其是口语）系统中的重要价值有着这样一些基本的认识：

在汉语语法系统中，人称代词是一个非常复杂的系统，它不仅有典型的人称代词（如"我"、"你"（您）、"他"等），也有非典型的人称代词（如"人家"、"咱"、"俺"、"某人"等），更为重要的是，即使对于典型的人称代词来说，也有其人称指示之外的许多非人称用法以及由人称代词与名词性成分组合而成的结构的用法，它们都体现着汉语人称代词在结构和功能方面的多重变异性，尤其是在话语层面。因而对这一现象的观察有着相当广阔的空间。

就人类语言的普遍性来说，人称代词在各个语言系统中都应当是最为基本的范畴之一，因而也是语言类型学的基本参项之一。从这个角度说，对汉语人称代词的研究，无疑具有重要的类型学价值。正是基于这样的考虑，我们重点就汉语人称代词及其相关结构开展话语分析，以期进一步服务于人类语言中人称代词的类型学研究。

近年来，刘丹青（2011）提出了语言库藏类型学的构想，他主张对语言类型学的研究，不仅要从跨语言的角度着眼，更要从深挖汉语自身的"显赫范畴"入手，这也是语言类型学的重要目标。从我们对汉语人称代词系统的初步认识来看，就汉语人称代词系统的复杂性及其功能的多变性而言，把它看作汉语系统，尤其是汉语口语系统中的一个"显赫范畴"来加以研究，对于推进基于汉语的类型学研究也应当是有价值的课题。

3. 为什么要从话语分析入手？

在《"把字结构"的语义及其语用分析》1991 年发表以后十几年的时间里，我们的语法研究兴趣和重点都集中在汉语特殊句法的语义和认知方面。2008 年，自研究副词"可"开始，我们的兴趣和重点转向了以话语功能为主要取向的研究上来。其中的重要契机就是对副词"可"的"交互主观性"的思考。这项研究从对话框架入手，揭示副词"可"所具有的激活"言者—听者"交互性的话语功能。无论这一结论是否正确，但对话语功能的重视已成为我们新的研究取向。本研究所做的各种典型口语成分的话语分析的基本思路便是由此而来。

刘勋宁（2009）提倡"在对话中研究语言"，他指出，在分析句子的时候，首先要考虑的是它的前句是什么[①]，这也许可以看作是对语言的两面研究，或者说是立体研究。我们十分赞同这样的主张，这也是我们在本书中所努力践行的话语分析的基本思想。

在本书的各项研究中，我们从对话框架分析入手，努力揭示语境因素对话语的影响，探寻各种口语成分在话语中所展现出的各自独特的话语功能。我们感到，对于口语成分做这样的话语分析，将从另一全新的视角充分地刻画和揭示汉语口语的生命特征。而这对于汉语口语语法研究和汉语口语语法教学都是很有意义的事。

4. 本书研究的基本特点是什么？

在确立以汉语口语成分的话语功能为研究目标后，我们努力贯彻话语分析的基本思路和研究范式，并在研究过程中努力做到这样几点：

第一，研究目标明确、统一。本书研究的各个专题都以探寻"言者—听者"的话语交际意图和话语交际策略为突破口，以揭示各种口语成分的话语功能为最终目标。我们初步说明了副词"可"的交互性、人称代词类话语标记的话语功能及其系统的不对称性、"人称代词 + NP"复指结构的 [+ 属性] 激活功能、"人家"的移情功能以及人称代词复用结构的情感宣泄功能。无论这些成分的话语功能揭示得准确与否，我们努力的方向却是明确而一致的。

第二，以真实口语语料为基础。本书研究的各个专题所用语料始终遵循来自真实口语的原则，除了第一章的语料来自王朔和刘心武的作品外（其中大多也都是小说中的对话），其余四章所用语料，均为我们花费大量的时间看录、转写电视剧的台词[②]而来。这样做的目的就是想保证研究所用语料具有一致和真实的特征。

---

① 我们认为也要考虑"它的后句是什么"。
② 有人可能对电视剧台词的自然性和真实性持有疑义。但我们认为，在绝对纯正的口语对话语料无法获得或是获得十分困难的情况下，采用电视剧台词作为研究语料，不失为一种既经济又有效的好办法。尽管电视剧台词是艺术加工的产品，但它同时作为语言产品，其自然性和真实性都是毋庸置疑的。正因为艺术加工而反倒可能使其话语功能得到更为本质和更为集中的体现。这对我们的话语研究来说应当是有利的。

第三，走定量分析的技术路线。我们始终遵循功能主义定量统计研究的技术路线，各专题的研究都是在大量语料的基础上，在适当结合宏观语篇特征分析的前提下，主要针对有关口语成分的词汇语法特征及其会话场景信息（比如人物关系等）做了各种细致的统计分析。我们相信，任何话语的功能信息，都会以不同的方式反映在与之相关的各个层面上，因而定量的观察描写是我们进行话语分析最基本的手段。而且更为重要的是，我们相信这样做能使话语分析做得更扎实、更可信。

第四，具有大致统一的内容框架结构。尽管这五个专题的研究内容各有侧重，但各章节之间的基本内容框架都遵循着这样的一个基本路线：对相关成分的词汇、语法和功能特征进行定量描写和分析，并在此基础上对会话场景特征进行挖掘，从而揭示其独特的话语功能。这一基本的研究路线保证了各专题之间在内容框架上基本统一，从而也保证了全书内容基本谐调一致。

第二节　汉语口语功能（话语）研究概说 [①]

本书的研究重点是就汉语口语中的若干典型成分进行话语分析，因此，下面我们将就 1978 年以来汉语语法学界所取得的相关研究成果做一个粗线条的概说。限于篇幅和研究侧重点的考虑，我们基本不对具体的文献做进一步的内容介绍和评述 [②]。我们将从研究脉络、基本文献回顾和发展趋势等三个角度来做简要叙述。

[①]　本概说所依文献只是笔者所能见到的有限的一部分，远非汉语口语功能（话语）研究全面、充分的资料，因而所做的叙述均为举例性的。敬请有关作者和广大读者谅解。

[②]　特别需要说明的是，我们的文献搜集主要基于三条线索：一是典型的汉语口语（尤其是对话）成分的研究，二是明确的功能主义的研究，三是典型的话语分析。对于非侧重于这三点的研究成果以及其他一般综合性的教科书或是理论专著，不计入讨论之列。具体文献请参看后附的论著目录。

1. 汉语口语功能（话语）^① 研究的基本脉络

自《马氏文通》问世以来，汉语语法学界形成并传承着良好的研究传统。特别是 1978 年改革开放以后，随着功能语法思想的传播与普及，汉语口语的功能（话语）研究得到了快速的发展，在海内外老中青三代学者的共同努力之下，取得了丰硕的成果，并形成了口语研究的良好传统。

赵元任先生和吕叔湘先生非常重视口语语法研究，他们在 1979 年出版的《汉语口语语法》（赵元任著、吕叔湘译），为新时期汉语口语研究奠定了良好的基础；朱德熙先生、胡明扬先生都曾十分强调口语和语体研究的价值；陆俭明先生、陈建民先生在 1980 年代初期发表、出版了多篇（部）汉语口语语法研究的论文和专著，强调口语研究的重要性，影响深远；海外学者戴浩一先生、薛凤生先生、屈承熹先生和曹逢甫先生等，自 1990 年代以来在国内不断介绍或出版了一批认知功能语法的理论研究成果，为功能语法在汉语研究领域的推广做出了积极的贡献。

1980 年代后期至 1990 年代中期，以陈平、廖秋忠、沈家煊、林书武等中国社会科学院语言研究所的学者为主体，对话语分析、篇章语法、语用学、主观性和主观化理论进行了大量的介绍，他们身体力行地结合汉语所开展的各种研究，也进一步推动了功能语法在中国的广泛传播与深入开展。

1990 年代中期以来，汉语口语的功能（话语）研究进入一个自主理论探索和具体问题研究共同发展、相互促进的阶段。更为可喜的是，一大批青年学者在此领域辛勤耕耘。张伯江等以《汉语功能语法研究》为代表，在口语成分的功能（话语）研究以及语体问题的思考方面取得了丰硕的成果；陶红印、徐赳赳、王灿龙等在话语标记、语体、口语句式等方面多有思考；吕明臣以《话语意义的建构》为代表，在话语理论建构方面多有新见；另外，郭继懋在人称代词"人家"以及汉语成对的组合结构的差异方面思考广泛；温锁林以《现代汉语语用平面研究》为代表，对汉语语用功能问题做了深入的研究。

进入 21 世纪以来，汉语功能（话语）研究的领域在不断拓展，新生力

---

① 本书使用"功能（话语）"的表述方式，是想强调"话语"对于"功能"研究的重要性。

量也在不断涌现。董秀芳在话语标记、人称代词的功能变异及其移情等问题上多有论说；李战子以《话语的人际意义研究》对话语理论问题进行了比较深入的探索；徐晶凝出版《现代汉语话语情态研究》，对汉语语气词情态功能思考较为系统；刘丽艳出版《汉语话语标记研究》，对话语标记多有探讨；乐耀近年来在话语标记和传信范畴方面发表多项成果，值得学界关注。

上述简单的回顾给了我们一个汉语功能研究的大致脉络，它显示出汉语口语功能（话语）研究的优良传统。这一传统表现出几个明显的特点：（1）赵元任先生和吕叔湘先生所开创的汉语口语研究，在汉语语法学一代一代学者的努力之下得到了良好的发展；（2）汉语口语功能（话语）研究，在相当的程度上是由中国社会科学院语言研究所老中青三代学者所主导并践行，同时也是海内外广大学者积极参与探索的领域；（3）近30多年的汉语口语功能（话语）研究，大致可以划分为两个阶段：前一个是1990年代中期以前，主要以口语问题的提出和国外理论的引介为主体；后一个是1990年代中期以后，主要是以开展多领域具体问题的研究和话语理论建构为主体。这些特点显示出汉语口语的功能（话语）研究在健康发展，同时也预示着它会有一个更宽广的未来。

纵观30多年来的汉语口语功能（话语）研究，我们看到，其主要的研究领域及研究重点有四个方面，它们分别是：（1）功能主义的理论探讨与口语语料库建设，主要涉及功能主义相关理论的研究和介绍、口语特点及语体研究，以及口语语料库建设等方面；（2）话语研究，主要涉及话语意义、话语策略和话语结构等方面；（3）口语成分的个案研究，这是所涉内容最广、研究成果最多的领域，具体来说主要有北京口语及其他方言口语研究、虚词功能研究、语序变化功能研究、话语标记研究以及口语句式（结构）功能研究等；（4）口语教学和口语测试研究。

下面，根据我们所掌握的资料，对不同时期不同主题的文献做一个粗略的分布考察（见下页表1），从中窥探一下汉语口语功能（话语）研究的大致情形。

表1

文献主题类别		文献年代分布（篇/部）①			总　计
		1979—1989	1990—1999	2000—2011	
理论探讨与语料库建设	综合讨论	11	21	13	69
	口语特点及语体研究	8	3	11	
	口语语料库建设	2	0	0	
话语研究	话语意义	0	1	8	26
	话语策略	0	1	5	
	话语结构	0	1	10	
口语成分个案研究	北京话及其他方言	6	5	8	171
	虚词	11	17	40	
	语序变化	4	1	4	
	话语标记	3	1	34	
	口语句式（结构）功能	6	13	18	
口语教学和口语测试研究		1	2	3	6
总　　计		52	66	154	272

　　表1的基本数据显示，汉语口语功能（话语）研究有如下几个明显的特点：

　　第一，汉语口语成分的个案研究多，理论研究的成果相对较少，这体现出汉语语法研究一贯重视挖掘汉语事实和研究具体问题的传统；

　　第二，进入21世纪以后，汉语口语功能（话语）研究的成果明显多于此前的两个阶段，说明汉语口语功能（话语）研究越来越受到人们的重视；

　　第三，汉语的话语研究，在2000年以前只有零星的成果发表，2000年以后相对多一些，体现出人们对话语（尤其是对话）理论建构的兴趣正在增长；

　　第四，在个案研究方面，汉语虚词、话语标记以及口语句式（结构）

---

① 连载的论文只按1篇计。全书同。

方面有较多的成果发表，形成了研究热点；与此形成对比的是，汉语语序变化的功能研究还很薄弱。

下面，我们将根据表1文献分布的大致线索，对汉语口语功能（话语）研究从四个方面进行文献回顾，以考察我们在这些领域所取得的具体研究成果。

2. 功能（话语）理论探讨与口语语料库建设

（1）功能语法的理论探索

文献显示，在1990年代，汉语功能语法研究领域出版了一批以"功能"或"话语"为主题词的专著（文集），表明汉语功能（话语）研究的学者有了系统性的理论思考。比如王福祥（1989）、陈平（1991）、廖秋忠（1992）、戴浩一等主编（1994）、曹逢甫（1995）、沈开木（1996）、张伯江等（1996）。其中，陈平（1991）《现代语言学研究——理论、方法与事实》、廖秋忠（1992）《廖秋忠文集》、张伯江等（1996）《汉语功能语法研究》这三部著作影响尤为广泛。进入21世纪以后，随着语用学、认知功能语法、话语语言学等理论的交互作用，出现了温锁林（2001）、朱永生主编（2002）、屈承熹（2005）、沈家煊主编（2005）、张伯江等（2007）、李军（2008）等一批专著（文集）。这些专著（文集）对汉语功能（话语）研究具有很大的推动作用。

在此阶段，学界还发表了一批重要的论文，如陈平（1987b）、戴浩一等（1990、1991）、张伯江（1994、2011）、文炼（1996）、屈承熹（1998）、沈家煊（2001）等。应当说，这些论文对于汉语功能（话语）研究有着更为具体的指导和推动作用。其中，陈平（1987b）《话语分析说略》、文炼（1996）《谈谈汉语语法结构的功能解释》以及沈家煊（2001）《语言的"主观性"和"主观化"》等，对于我们从事功能（话语）研究的人来说，更是不可不读的文献。

应当说，改革开放以来，随着韩礼德的功能语言学在中国的引入，我国语法学界逐步形成了以功能（话语）研究为主导优势的格局。从1980年代开始至今，以《当代语言学》（包括《国外语言学》）为主要阵地，不断引进、介绍国外功能语言学的新理论和新进展（比如话语错误、话语结构、话语宏观结构、情景模型理论、话语表现理论、批评话语分析，等等）。这些理论的引介，对于推进我国功能（话语）研究的发展具有重要的促进作用。据不完全统计，这类介绍性的文章达20多篇①。限于篇幅，这里不展开细说。

（2）口语特点及语体研究

作为汉语功能（话语）研究的重要理论课题之一，口语、语体及口语语料库建设等问题逐步被学者们提了出来。

赵元任（1979）《汉语口语语法》出版，李士重（1981）对此发表了书评；陈建民（1983）《汉语口语》出版，吕叔湘（1983）和张志公（1983）为此书作序，蒋同林（1988）发表书评；胡明扬（1993）发表《语体和语法》；他们都一致强调"要重视口语"，倡导"要对口语进行全面的研究"。周刚（1988）从行业语、施光亨等（1996）从表述的即时性两个角度分别对口语特点进行探讨。

随着对口语的重要性及其特点的认识越来越深入，语体问题自然而然地也被学者们提出并不断加以探讨：陶红印（1999）提出语体分类的语法学意义，并连续发表多篇基于语体分类的个案研究（陶红印2002、2004、2007等）；李泉（2003）从对外汉语教学的角度提出按语体进行语法体系构建的设想；方梅（2005b、2007）和张伯江（2007）都提出语体差异与语法的关系命题；刘勋宁（2009）倡导要"在对话中研究语言"；冯胜利（2010、2011）就语体的机制、语法属性和文学功能进行论述。所有这些都表明，在汉语语法研究领域，语体分类的语法学意识正在逐渐增强，因而功能（话语）研究的思路也更为清晰和坚定。

（3）口语语料库建设

作为口语研究的重要基础工程，1980年代，汉语口语语料库的建设受到人们的重视并取得实际建设成果。宋孝才（1987）和北京语言学院（现北京语言大学）"北京口语调查"课题组（1988）分别介绍了"北京口语调查"早期的建设情况。

据我们所知，1981年，北京语言学院一系开始组织实施"北京口语调查"课题。1984年该课题转由北京语言学院语言教学研究所负责。1986年

---

① 这些文章全部发表在《当代语言学》（《国外语言学》）上，有兴趣的读者可以查阅。

和 1987 年，该课题先后被列入国家教委博士点基金项目和国家哲学社会科学"七五"规划重点科研项目，1992 年通过专家鉴定。北京语言大学语言研究所自 2001 年组建以来，一直把重建完整、科学、实用的"北京口语语料"作为一项重要的工作来抓。2004 年，"当代北京话应用研究"课题（曹志耘主持）获得北京市哲学社会科学"十五"规划项目立项。现已建成完整版的"北京口语语料"，可供学界使用。①

另一个重要的口语语料库是由沈家煊教授主持的"现代汉语口语语料库"。这是中国社会科学院 A 类重大课题（2000~2003），现已开发完成。该语料库下设 3 个子库：北京地区现场即席话语语料库、汉语方言自然口语语料库和汉语自然口语语音标注库。该语料库的建设，不仅将为编写第一部现代汉语口语词典和语法手册奠定基础，也将为保持我国在汉语母语研究方面的中心地位和技术优势提供保障，更将为以口语形式保存民族文化资源提供条件。

上述两个口语语料库的建成，都是汉语口语研究领域重要而宝贵的语料资源。其后期的科学开发和有效利用，将大力推进汉语，尤其是汉语功能（话语）研究的进展，因而值得我们倍加重视。

3. 话语研究

我们这里所说的话语研究，主要含义是指对对话语境中自然对话的构成要素和有关因素所展开的研究。我们重点关注话语意义、话语策略和话语结构三方面的研究情况。

（1）话语意义的研究

作为话语分析中的重要理论课题之一——话语意义的研究，在 2000 年以后得到了较大的发展，显示出人们在此领域的理论思考正在深入。李战子（2004）出版《话语的人际意义研究》，吕明臣（2005a）出版《话语意义的建构》，这两部著作是具有系统性和理论深度的研究成果。此外，吕明臣（1998）从情感指向、卢万才（2001）从亲近表现、陈汝东（2003）从话语角色、王彦（2007）从话语活动的目的、傅蓓（2010）从道歉语等多个角度，对话语意义的理论建构提出了自己的思考，深有启发。

---

① 参看 http://www.blcu.edu.cn/yys/6_beijing-chaxun.

（2）话语策略的研究

就汉语自然口语而言，话语策略的研究也主要是在 2000 年以后得到了人们的重视，取得了一定的成果。孟国（1999）较早地对口误问题进行探讨。此后，李悦娥等（2003）、马文（2008）、姚剑鹏（2008）、姚小鹏（2011）以及李佳源（2011）等，分别对"打断"、"照应修正"、"会话修补"、"追补"以及"话语选择策略"等问题进行探讨。这些研究表明，汉语口语会话策略还有许多问题、许多课题尚需开发和探讨。

（3）话语结构的研究

2000 年以后，汉语会话结构的研究取得了许多可喜的成果。这表现在三个方面：首先，王志（2005）、刘虹（2010）、刘运同（2010）出版了相关的专著，世界图书出版公司还于 2007 年出版了 Diana Boxer 等的《口头话语分析与第二语言习得》（英文）；其次，Hongyin Tao（陶红印）等（1995）发表的《话语和语法的关联：汉语会话中常用的小句结构》，是较早研究话语结构成分的论文之一，聂丹（2005、2007）对言语进程中问语的选择与控制机制做了精辟的剖析，吕明臣（2000）和尹世超（2008）对应答句也有所探讨；最后，吴平（2001）、吴卸耀（2002）和张韧弦（2008）分别对会话中的"反馈"、"自称调节"、"缺省逻辑"等问题做过深入的讨论。

上述三方面的研究，对汉语话语分析来说都具有重要的基础价值，是我们今后进一步深化有关研究课题的重要理论支撑。但就现有成果的基础性和应用性而言，还不能充分满足话语分析在更大的范围和更深层次上的理论与实践需要，因此还需大力加强与充实。

4. 口语成分的个案研究

汉语语法研究历来有重视具体研究事实的传统，汉语功能（话语）研究自然也是如此。文献梳理表明，汉语功能（话语）研究在口语成分具体事实的挖掘方面做了大量的工作，也取得了十分丰富的研究成果，这是我们应当加以充分重视和利用的。下面，我们将从北京口语及其他方言口语、虚词、语序变化、话语标记以及口语句式（结构）等五个侧面，对相关文献做初步的梳理。

（1）北京口语及其他方言口语研究

北京话由于其显赫的基础方言地位而决定着它在汉语口语研究中的独特价值，从 1980 年代初期至今一直受到人们的关注，产生了一批重要的研究成果。这些成果主要有两类：一类是综合讨论的，如陈建民（1982）《北京口语漫谈》和劲松（1989）《北京口语的语体》，特别要提及的是朱德熙（1987）强调北京口语语法研究的重要价值；更多的一类是讨论北京口语具体的句式（结构）、各类虚词的语义、功能及其语法化、话语标记等，如董树人（1985）、俞敏（1987）、陈建民（1990）、陈妹金（1995）、张伯江等（1995）、方梅（1998、2002）、王改改（2003）、周一民（2003）、刘祥柏（2004）、陈满华（2007）、郭风岚（2008）、乐耀（2010）等等。北京口语的研究 2000 年以后得到了很大的发展。

另外，其他若干方言口语的语法研究也有零星成果发表，如程祥徽（1980）、王培基等（1981）对青海口语语法的讨论，乔全生（1996）对山西方言人称代词的讨论以及吴东英等（2004）对香港报刊语言口语化现象的讨论等，都是对口语语法研究的有益补充。

我们认为，北京口语和其他方言口语的研究，将对普通话口语的研究起到积极的促进作用，因而要进一步深入地开展。

（2）汉语虚词的功能研究

汉语虚词整体上说均属于功能类别词，因此，几乎所有虚词的研究都涉及功能甚至话语的层面。众所周知，汉语语法学界历来重视虚词研究，其研究成果数不胜数。我们这里只想对语气词和叹词、副词（尤其是语气副词）和代词（尤其是人称代词）的功能研究略做介绍。

先说语气词和叹词研究。语气词和叹词均服务于人们的情感表达，因而在话语分析中占有重要的位置。孙汝建（1999）出版《语气和口气研究》，徐晶凝（2008）出版《现代汉语话语情态研究》，均为这方面的重要成果。其他重要论文如周继圣（1989）、储诚志（1994）、李讷等（1998），较早地对"啧"、"啊"和"的"等语气词进行了讨论。2004 年以来，人们对语气词功能的研究兴趣日渐增强，发表了一大批有关语气词功能研究的成果，例如熊子瑜等（2004）、徐晶凝（2004、2007）、周士宏（2009）、李小军（2009）、崔希亮（2011）、乐耀（2011b）等。另有刘丹青（2011）《叹词的本质——代句词》一文特别值得一提，该文对叹词的功能进行了全新的诠释，对我们的研究启发很大。

再说副词（"可"）及其他成分的功能研究。副词尤其是语气副词，作为典型的口语成分，是与功能（话语）密切相关的。与本书专题研究密切相关的副词"可"以及其他语气副词（情态副词）的研究，在此不一一详述①。除此以外，针对口语中其他成分的研究，主要有王伟等（2005）、温锁林等（2006）以及傅雨贤等（1991），分别讨论了口语中的"然后"、标记词"给"以及助动词等相关问题。

最后来说一下代词的功能研究。代词尤其是人称代词及其与名词构成的结构，在口语表达中往往具有重要的话语功能，这已引起学者的广泛关注，人们从多个层面来探索其话语功能。

董秀芳（2005b）从移情的角度讨论代词的非常规使用，孙汝建（1981）、张炼强（1982）、沈志刚（1993）、崔希亮（2000）、陈辉等（2001）、戴志军（2006）等重点讨论人称代词的系统及其功能问题。李锦望（1993）、杨敬宇（1998）、王治敏等（2004）、张爱玲（2006）、邹渊（2006）、郭圣林（2007）、罗云飞（2008）、朱坽丽（2009）等讨论人称代词和名词组合的短语的语义和功能问题②。另外，还有一些专门讨论第三人称代词特点和功能的论文，如胡显仁（1987）、陈宁萍等（1986）、徐丹（1989）、王灿龙（2000）、秦洪武（2001）、彭爽（2002）、董秀芳（2005a）、唐正大（2005）等。沈志刚（1986）、王红梅（2008）还讨论了第二人称代词的功能问题。专门讨论人称代词"人家"的文献很多，因本书有专题研究，此处从略③。还有叶友文（1988）、黄智显（1992）、王海峰等（2003）讨论"这"、"其"、"什么"等代词也侧重于功能的角度，可参考。

---

① 现代汉语副词研究有着优良的传统并取得了丰硕的成果。在张斌先生带领下，以上海师范大学汉语语法学者为代表的一大批研究者发表了系列的研究成果。限于篇幅和主题，这些成果此处略而不述。至于副词"可"的研究，请参看本书第二章第一节的有关内容。

② 参看本书第四章第一节的有关内容。

③ 参看本书第五章第一节的有关内容。

（3）语序变化的功能研究

语序变化是汉语的重要语法手段，它在句法、语义和语用等多个层面都有体现，这些语序的变化在很大程度上凝结着功能变化的价值，尤其在口语语法体系中。许多语序变化的现象，如易位、重复、追加（追补）、倒装、插说，等等，都得到了学者们的广泛关注。[①] 另有朱文文（2011）《状补话语功能的对立及其对形容词的语序选择》一文，从一个侧面对语序的话语功能进行了探讨，值得借鉴。但整体上看，汉语语序变化的功能研究尚有广阔的空间需要我们去探索。

（4）话语标记研究

话语标记作为自然口语中重要的话语功能表达手段，在2000年以前仅有零星的研究，2000年以后有了很大发展，已经成为当前汉语功能（话语）研究的热点之一。汉语学界在话语标记的理论探讨、"认知词语"标记、"是"类标记、指示词标记等多个侧面，均取得了丰硕的成果。下面我们分类加以简要的说明。

先看一下话语标记理论研究的情况。司红霞（2009）和刘丽艳（2011）分别出版了研究专著；周利芳（2005）和邓凤民（2009）对专业领域的话语标记做过相关的讨论。

再来看由"认知词语"构成的话语标记的研究[②]。"说"、"想"、"看"、"知道"等认知词语，在汉语中可以构成不同类型的话语标记。刘月华（1986）、姚占龙（2008）曾综合讨论了"说、想、看"类的标记问题。而重点讨论"说"类标记的文献最多，如孟琮（1982b）、徐晶凝（1998）、董秀芳（2003）、谷峰（2004）、谢芷欣（2004）、李晋霞（2005）、耿小敏（2006）、王健（2008）、李秉震（2009）、乐耀（2011a）等等，对"说"类标记各个方面的问题都有所论及。另外，讨论"想"类、"看"类、"知道"类的文献有郭昭军（2004）、曾立英（2005）、陈振宇等（2006）、郑娟曼等（2009）、刘丽艳（2006）、胡德明（2011）等。方梅（2005a）对认证义动词类标记做了综合性的讨论。

---

① 参看本书第六章第一节的有关内容。
② 参看本书第三章第一节的有关内容。

15

还有一类重要的话语标记是由"是"参与构成的，如"不是"、"问题是"、"是不是"、"X 的是"以及"真是的"等。郭继懋（1987）、刘丽艳（2005）、李宗江（2008）、李咸菊（2009）、祁峰（2011）、王幼华（2011）等分别对这些标记进行了探讨。

最后说一下其他类型的话语标记，如"这个"、"那个"、"然后"、"搞（弄／闹）不好"、"好"、"完了"、"去了"等。这些话语标记大多还不够成熟，正处于语法化的进程之中。对这些标记展开讨论的文献主要有郭风岚（2009）、刘丽艳（2009）、胡建峰（2010）、方梅（2000）、马国彦（2010）、邵敬敏等（2005）、鹿钦佞（2008）、李宗江（2004）和储泽祥（2008）等。

整体上说，近些年来汉语话语标记的研究有了很大的发展，这有助于我们对自然话语的结构、意义、功能和本质问题的认识，因而具有重要的研究价值，值得我们在此方面继续努力。

（5）口语句式（结构）的功能研究

汉语口语最重要、最典型的成分之一恐怕要数口语句式（结构），因而对它的研究无疑将大大推动汉语口语的功能（话语）研究。令人欣慰的是，汉语学界的一批学者已在此领域开展了很好的研究，取得了不少有价值的成果，如郭继懋（2010）《从功能差异看组合差异》就对汉语中许多成对的口语句式（结构）进行了差异分析。下面，我们从感叹句类、疑问句类和祈使句类、陈述句类三个方面对有关论著略做介绍。

先说感叹句类的口语句式（结构）研究。感叹是话语情感表达最明确和最典型的范畴，因而具有很高的功能（话语）研究价值。汉语感叹的口语句式（结构）可分为典型的和非典型的两类。其中，典型的如"V 老 O 了"、"大＋时间词（的）"、"你这个 NP！"、"（X）整个一（个）Y"、"那叫一（个）X"以及"（X）真是（的）"等，陈春明（1987）、沈阳（1996）、张新华（2005）、刘长征（2007）、唐雪凝（2009）、吴青军（2009）等分别对上述句式（结构）进行了探讨；而非典型的如"你什么你？"、"一 V 一个 A"、"爱咋咋地"、带虚指"他"的双及物式、"A 不到哪里去"等，分别由李向农（1985）、黄佩文（2001）、吴长安（2007）、王晓凌（2008）、吴为善等（2011）加以讨论。

再说说疑问句类和祈使句类的口语句式（结构）研究。疑问和祈使虽然都是话语功能特别强的句类，但与感叹相比，其研究成果要相对少得多。张伯江（1997）、徐盛桓（1999）对疑问句功能进行了讨论，邵敬敏（1996）出版《现代汉语疑问句研究》；李大勤（2001）、刘娅琼等（2011）分别对"WP 呢？"和否定反问句进行了功能探讨；宛新政（2008）讨论了"（N）不V"祈使句的柔劝功能，温锁林（2008）讨论了表示制止的祈使习用语。我们认识到，就汉语的疑问句类和祈使句类突出的话语功能而言，现有的研究还是远远不够的。

最后再来说一下陈述句类的口语句式（结构）研究的情况。陈述是使用最为广泛的句类，其形式的多样性和功能的复杂性在口语系统中尤为突出。1980 年代初期开始至今，人们对口语句式（结构）一直保有浓厚的研究兴趣。学者们所讨论的口语句式很多，如"爱…不…"（俞敦雨1982，许维翰1982）、双主谓结构句（刘宁生1983）、"他说他的，我干我的。"句式（詹开第1984）、"A 头 C 脑"（张拱贵1991）、"A1 呀 A2 的"（刘颂浩1994）、"SV 的 N"（刘英军1995）、重动句式（项开喜1997，王灿龙1999）、"（申报表）交了三个？"句式（易洪川1997）、"X 什么的"（董晓敏1998）、"又 A 又 B"（金周永1999）、回声拷贝结构（王灿龙2002）、"知道"格式（陶红印2003）、"V 都不 V"（张静等2004）、指宾状语句（李劲荣2007）、"主谓倒装句"（周士宏2010）等。

从上述三方面的介绍可以看到，人们对汉语口语系统中各个功能类别的特殊句式（结构）都有过不同程度的关注，只是各方面的研究在数量和深度上还很不平衡。不过我们相信，针对汉语口语句式（结构）各种角度的研究，尤其是从功能（话语）层面切入的研究，还是有很多工作可以做的。

综合上述五方面的研究概况（北京口语和其他方言口语的研究、虚词、语序、话语标记以及口语句式（结构）等），我们认为，汉语学界在功能（话语）领域所开展的各项研究，对推动汉语口语研究的深化无疑具有积极的促进作用。同时我们也必须清醒地看到，尽管我们的研究已经取得很多成绩，但各方面的研究还相当不平衡，一些具体领域的讨论还相当不充分，尤其是从功能（话语）的角度所开展的研究，还需要进一步强化和拓展。只有这样，汉语口语成分的功能（话语）研究才有可能取得更为深入和更为系统的研究成果，从而从整体上切实推进汉语语法研究。

5. 口语教学和口语测试研究

开展汉语口语的功能（话语）研究，目的之一是想服务于对外汉语口语教学。从我们现有的认识水平来说，汉语功能（话语）研究应当能够更直接、更具体地为汉语教学，尤其是汉语口语教学提供帮助。这一点，很多教学一线的汉语教师都有同感并提出了中肯的意见，如佟秉正（1986）提出"从句构练习到交际练习"的口语教学思路，佟秉正（1997）又提出"从口语到书面"的中级汉语教学课题，张若莹（1997）提出高级口语教学的基本问题，郭颖雯（2002）提出"口语教学语法体系"建设问题，仇鑫奕（2007）提出"口语先行"的初级阶段教学思路，还有林柏松（2007）提出汉语口语水平考试课题，如此等等。一线汉语教师有关口语、口语教学、口语测试的思考，为我们进一步开展汉语口语功能（话语）研究提出了许多基础性的问题，同时也为我们提供了解决问题的方向和目标，这是我们必须认真加以重视的。

6. 对汉语口语功能（话语）研究的认识与展望

经过对汉语口语功能（话语）研究概要性的介绍，我们对此领域的研究状况提出如下几点基本认识：

第一，在汉语学界，汉语口语功能（话语）研究有着优良的传统。赵元任先生、吕叔湘先生等前辈大师所开创的汉语口语研究，在以中国社会科学院语言所许多学者为代表的广大学者的共同努力之下，着力挖掘汉语口语多方面的事实，已经取得可喜的成就。

第二，汉语口语功能（话语）理论的研究，早期以国外理论的引介为主，后来逐步开始了自主的理论探索，形成理论研究有所发展的良好趋势。

第三，汉语口语事实的挖掘重在多层面、多层次的个案研究，取得许多优秀的成果，但这些成果的平衡性和体系性都还有待加强。

第四，在虚词的功能、话语标记和口语句式（结构）领域取得了较为丰富的成果，但在北京口语和语序变化等方面的研究还显得有些薄弱。

我们认为，汉语口语的功能（话语）研究已有良好的基础，但需要我们在此基础上发扬传统、在新的学术思想指导下更加坚定地走汉语口语功能（话语）研究的道路。我们认为，以下三个方面尤其需要我们加倍努力：

第一，加强在汉语口语事实挖掘基础上的理论创新。汉语口语的话语分析理论，近些年来已有了良好的发展势头，我们应当进一步加强话语分析的理论和实践，在充分描写汉语口语事实的基础上，在多种相关理论交融和碰撞的过程中，提出我们自己有创新性的功能（话语）理论，以争取对国际语言学界的功能（话语）研究做出我们自己的理论贡献。

第二，加强基于汉语口语语料库的体系性的事实挖掘和描写。如同上世纪汉语书面语研究走过基于大规模语料库的历程一样，汉语口语研究今天也面临着基于大规模口语语料库（尤其是真实的对话语料库）而开展研究的现实抉择。从现有的研究成果来看，大多数的口语研究还没有很好地利用口语语料库，这对于产出汉语口语研究体系化的成果当然是不利的。这种状况我们必须尽快加以改变。

第三，口语研究不仅能够为更好地探求"鲜活的"语言生命本质服务，也应当更好地为汉语口语教学服务。现实而论，由于我们关于汉语口语的基础理论相对薄弱，对口语事实的挖掘和描写尚有很大的欠缺，我们的对外汉语口语教学还有许多地方需要提高和改进，这对我们的口语研究提出了现实的需求，我们必须要意识到这一点，从而在今后的研究中大力加强汉语口语研究的具体性和针对性。如果我们能够把汉语口语研究与汉语口语教学、口语测试的需求很好地结合起来，相信我们的汉语口语功能（话语）研究将更加富有学术的魅力和现实的生产力。

附：本概说所参阅的部分论著目录

北京语言学院"北京口语调查"课题组（1988）"北京口语调查"的有关问题及初步研究，《第二届国际汉语教学讨论会论文选》，北京：北京语言大学出版社。

曹逢甫（1995）《主题在汉语中的功能研究——迈向语段分析的第一步》（谢天蔚译），北京：语文出版社。

陈春明（1987）口语中的"V 老 O"格式，《汉语学习》第 3 期。

陈　辉、陈国华（2001）人称指示视点的选择及其语用原则，《当代语言学》第 3 期。

陈建民（1982）北京口语漫谈，《中国语文》第 1 期。

陈建民（1983）汉语研究要重视口语，《汉语学习》第 1 期。

陈建民（1984）汉语口语里的追加现象，《语法研究和探索（2）》，北京：北京大学出版社。

陈建民（1990）北京口语里的同义重复现象，《中国语文》第 5 期。

陈满华（2007）北京话"人家"省略为"人"的现象考察，《汉语学习》第 4 期。

陈妹金（1995）北京话疑问语气词的分布、功能及成因，《中国语文》第 1 期。

陈宁萍、张惠英（1986）汉语普通话中第三人称代词的用法，《国外语言学》第 4 期。

陈　平（1987a）《话语分析手册》（第二卷）:《话语的各个方面》述评，《国外语言学》第 2 期。

陈　平（1987b）话语分析说略，《语言教学与研究》第 3 期。

陈　平（1991）《现代语言学研究——理论、方法与事实》，重庆：重庆出版社。

陈汝东（2003）话语角色冲突的类型、原因及其消除，《汉语学习》第 3 期。

陈振宇、朴珉秀（2006）话语标记"你看"、"我看"与现实情态，《语言科学》第 2 期。

程祥徽（1980）青海口语语法散论，《中国语文》第 2 期。

储诚志（1994）语气词语气意义的分析问题——以"啊"为例，《语言教学与研究》第 4 期。

储泽祥（2008）汉语口语里性状程度的后置标记"去了"，《世界汉语教学》第 3 期。

崔希亮（2000）人称代词及其称谓功能，《语言教学与研究》第 1 期。

崔希亮（2011）语气词"哈"的情态意义和功能，《语言教学与研究》第 4 期。

戴浩一、薛凤生主编（1994）《功能主义与汉语语法》，北京：北京语言大学出版社。

戴浩一、叶蜚声（1990、1991）以认知为基础的汉语功能语法刍议（上、下），《国外语言学》第 4 期（1990）、第 1 期（1991）。

戴志军（2006）现代汉语人称代词系统的语用认知研究，《云南师范大学学报（对外汉语教学与研究版）》第 4 期。

邓凤民（2009）电视谈话的话题标记形式探析，《汉语学习》第 4 期。

丁建新、廖益清（2001）批评话语分析述评，《当代语言学》第 4 期。

董树人（1985）北京口语中的委婉词语和委婉表达方式，《汉语学习》第 2 期。

董晓敏（1998）说"X 什么的"，《汉语学习》第 3 期。

董秀芳（2003）"X 说"的词汇化，《语言科学》第 2 期。

董秀芳（2005a）现代汉语口语中的傀儡主语"他"，《语言教学与研究》第 5 期。

董秀芳（2005b）移情策略与言语交际中代词的非常规使用，载《现代汉语虚词研究与对外汉语教学》（齐沪扬主编），上海：复旦大学出版社。

杜道流（2002）指代词"人家"的修辞作用，《修辞学习》第 3 期。

方　梅（1998）北京话他称代词的语义分析，载《句法结构中的语义研究》（邵敬敏主编），北京：北京语言大学出版社。

方　梅（2000）自然口语中弱化连词的话语标记功能，《中国语文》第 5 期。

方　梅（2002）指示词"这"和"那"在北京话中的语法化，《中国语文》第 4 期。

方　梅（2005a）认证义谓宾动词的虚化——从谓宾动词到语用标记，《中国语文》第 6 期。

方　梅（2005b）篇章语法与汉语篇章语法研究，《中国社会科学》第 6 期。

方　梅（2007）语体动因对句法的塑造，《修辞学习》第 6 期。

方　琰（1996）功能语言学在中国发展的近况，《国外语言学》第 4 期。

冯胜利（2010）论语体的机制及其语法属性，《中国语文》第 4 期。

冯胜利（2011）语体语法及其文学功能，《当代语言学》第 4 期。

傅　蓓（2010）汉语道歉语的话语研究，《语言教学与研究》第 6 期。

傅雨贤、周小兵（1991）口语中的助动词，载《语法研究和探索（五）》，北京：语文出版社。

高　杰、陈旭红、徐赳赳（2011）《话语分析面面观》评介（L.Alba-Juez），《当代语言学》第 3 期。

耿小敏（2006）"我说"类元语言的研究，上海师范大学硕士学位论文。

谷　峰（2004）"你说"的语法化，《中国语文研究》第 18 期。

顾曰国（1999）使用者话语的语言学地位综述，《当代语言学》第 3 期。

郭风岚（2008）当代北京口语第二人称代词的用法与功能，《语言教学与研究》第 3 期。

郭风岚（2009）北京话话语标记"这个"、"那个"的社会语言学分析，《中国语文》第 5 期。

郭继懋（1987）谈表提醒的"不是"，《中国语文》第 2 期。

郭继懋（2010）《从功能差异看组合差异》，天津：南开大学出版社。

郭继懋、沈红丹（2004）"外人"模式与"人家"的语义特点，《世界汉语教学》第 1 期。

郭圣林（2007）"NP+我"与"我＋NP"的语用考察，《南京师大学报（社会科学版）》第 4 期。

郭颖雯（2002）汉语口语体口语教学语法体系的建立与量化，《汉语学习》第 6 期。

郭昭军（2004）现代汉语中的弱断言谓词"我想"，《语言研究》第 2 期。

韩荔华（1994）论重复，《语言教学与研究》第 3 期。

何元建（1996）"可"字型问句的反诘语气，《汉语学习》第 4 期。

胡德明（2011）话语标记"谁知"的共时与历时考察，《语言教学与研究》第 3 期。

胡建峰（2010）试析具有证言功能的话语标记"这不"，《世界汉语教学》第 4 期。

胡明扬（1993）语体和语法，《汉语学习》第 2 期。

胡显仁（1987）"它"与"人称代词"的关系，《汉语学习》第 3 期。

胡壮麟（1996）美国功能语言学家 Givón 的研究现状，《国外语言学》第 4 期。

黄大网（2001）《语用学》杂志话语标记专辑（1998）介绍，《当代语言学》第 2 期。

黄佩文（2001）口语句式"一 V 一个 A"，《汉语学习》第 2 期。

黄智显（1992）说代词"其"、"他"，《汉语学习》第 5 期。

江蓝生（1990）疑问副词"可"探源，《古汉语研究》第 3 期。

蒋同林（1988）口语研究的初步总结——读陈建民的《汉语口语》，《汉语学习》第 3 期。

蒋协众（2008）也谈副词"可"的用法及其教学，载《现代汉语虚词研究与对外汉语教学》（第二辑）（齐沪扬主编），上海：复旦大学出版社。

金周永（1999）"又 A 又 B"格式之考察，《汉语学习》第 4 期。

劲　松（1989）北京口语的语体，《中国语文》第 5 期。

李秉震（2009）"说"类话题转换标记的语义演变，《中国语文》第 5 期。

李大勤（2001）"WP 呢？"问句疑问功能的成因试析，《语言教学与研究》第 6 期。

李佳源（2011）心理安慰话语的选择策略，《语言教学与研究》第 4 期。

李锦望（1993）人称代词和指人名词的组合及其结构、语义分析，《渤海学刊》第 3 期。

李锦望（1995）"自己、人家、大家"跟指人名词组合及其结构关系，《逻辑与语言学习》第 5 期。

李劲荣（2007）指宾状语句的功能透视，《中国语文》第 4 期。

李晋霞（2005）论话题标记"如果说"，《汉语学习》第 1 期。

李　军（2008）《话语修辞理论与实践》，上海：上海外语教育出版社。

李　讷、安珊笛、张伯江（1998）从话语角度论证语气词"的"，《中国语文》第 2 期。

李　泉（2003）基于语体的对外汉语教学语法体系构建，《汉语学习》第
　　3 期。

李士重（1981）《汉语口语语法》读后，《中国语文》第 3 期。

李咸菊（2009）北京话话语标记"是不是""是吧"探析，《语言教学与研究》
　　第 2 期。

李向农（1985）对《汉语口语里的追加现象》的一点补充，《汉语学习》第
　　4 期。

李小军（2009）语气词"好了"的话语功能，《世界汉语教学》第 4 期。

李悦娥、申智奇（2003）自然会话中的打断现象分析，《当代语言学》第
　　1 期。

李战子（2004）《话语的人际意义研究》，上海：上海外语教育出版社。

李宗江（2004）说"完了"，《汉语学习》第 5 期。

李宗江（2008）表达负面评价的语用标记"问题是"，《中国语文》第 5 期。

廖美珍（2001）《话语分析导论：理论与方法》评介（James Paul Gee），《当
　　代语言学》第 3 期。

廖秋忠（1991）也谈形式主义与功能主义，《国外语言学》第 2 期。

廖秋忠（1992）《廖秋忠文集》，北京：北京语言大学出版社。

林柏松（2007）谈谈汉语口语水平考试，《第八届国际汉语教学讨论会论文
　　选》，北京：高等教育出版社。

林书武（1992、1993）话语的结构（上、中、下）（Diane Blakemore），《国
　　外语言学》（1992）第 4 期、（1993）第 1、2 期。

林书武（1999）Text"汉语话语分析"专号评介，《当代语言学》第 1 期。

刘长征（2007）"（X）整个一（个）Y"格式试析，《汉语学习》第 1 期。

刘丹青（2011）叹词的本质——代句词，《世界汉语教学》第 2 期。

刘丹青、唐正大（2001）话题焦点敏感算子"可"的研究，《世界汉语教学》
　　第 3 期。

刘　虹（2010）《会话结构分析》，北京：北京大学出版社。

刘丽艳（2005）作为话语标记语的"不是"，《语言教学与研究》第 6 期。

刘丽艳（2006）话语标记"你知道"，《中国语文》第 5 期。

刘丽艳（2009）作为话语标记的"这个"和"那个"，《语言教学与研究》第
　　1 期。

刘丽艳（2011）《汉语话语标记研究》，北京：北京语言大学出版社。

刘宁生（1983）汉语口语中的双主谓结构句，《中国语文》第 2 期。

刘颂浩（1994）关于"A₁ 呀 A₂ 的"格式，《汉语学习》第 1 期。

刘祥柏（2004）北京话"一＋名"结构分析，《中国语文》第 1 期。

刘雪芹（2010）论指代词"人家"的指称意义，《西南农业大学学报（社会科学版）》第 2 期。

刘勋宁（2009）在对话中研究语言，"语言教学与研究国际学术讨论会"参会论文（未刊稿）。

刘娅琼、陶红印（2011）汉语谈话中否定反问句的事理立场功能及类型，《中国语文》第 2 期。

刘英军（1995）汉语口语中的"SV 的 N"句式，《第四届国际汉语教学讨论会论文选》，北京：北京语言大学出版社。

刘月华（1986）对话中"说"、"想"、"看"的一种特殊用法，《中国语文》第 3 期。

刘运同（2010）《会话分析概要》，上海：学林出版社。

卢万才（2001）汉语会话的亲近表现，《汉语学习》第 4 期。

陆俭明（1980）汉语口语句法里的易位现象，《中国语文》第 1 期。

陆俭明（1982）关于定语易位的问题，《中国语文》第 3 期。

鹿钦佞（2008）"搞（弄／闹）不好"的功能及其语法化，《汉语学习》第 1 期。

吕明臣（1998）汉语的情感指向和感叹句，《汉语学习》第 6 期。

吕明臣（2000）现代汉语应对句的功能，《汉语学习》第 6 期。

吕明臣（2005a）《话语意义的建构》，长春：东北师范大学出版社。

吕明臣（2005b）话语意义的性质和来源，《汉语学习》第 5 期。

吕叔湘（1983）《汉语口语》序，《汉语学习》第 4 期。

罗晓英、邵敬敏（2006）副词"可"的语义分化及其语用解释，《暨南学报（哲学社会科学版）》第 2 期。

罗云飞（2008）试论姓名和人称代词构成的同位短语位序问题，《现代语文（语文研究）》第 7 期。

马国彦（2010）话语标记与口头禅——以"然后"和"但是"为例，《语言教学与研究》第 4 期。

马　莉（1984）评《话语错误语言学》（Anne Cutler），《国外语言学》第 1 期。

马　文（2008）戏剧会话中的照应修正研究，《当代语言学》第 1 期。

孟　琮（1982a）口语里的一种重复——兼谈"易位"，《中国语文》第 3 期。

孟　琮（1982b）口语"说"字小集，《中国语文》第 5 期。

孟　国（1999）汉语中的口误问题，《汉语学习》第 1 期。

莫珍珍、田志飞（2009）"人家"指称功能转变原因分析，《铜仁职业技术学院学报（社会科学版）》第 12 期。

聂　丹（2005）言语进程中问语的选择，《中国社会科学》第 4 期。

聂　丹（2007）话语调控者的问语控制，《天津大学学报》第 3 期。

彭　爽（2002）他称代词的指示用法初探，《汉语学习》第 2 期。

祁　峰（2011）"X 的是"：从话语标记到焦点标记，《汉语学习》第 4 期。

钱敏汝（1988）戴伊克的话语宏观结构论（上、下），《国外语言学》第 2、3 期。

乔全生（1996）山西方言人称代词的几个特点，《中国语文》第 1 期。

秦洪武（2001）第三人称代词在深层回指中的应用分析，《当代语言学》第 1 期。

仇鑫奕（2007）对外汉语教学初级阶段应口语先行，《第八届国际汉语教学讨论会论文选》，北京：高等教育出版社。

屈承熹（1998）汉语功能语法刍议，《世界汉语教学》第 4 期。

屈承熹（2005）《汉语认知功能语法》，哈尔滨：黑龙江人民出版社。

邵敬敏（1996）《现代汉语疑问句研究》，上海：华东师范大学出版社。

邵敬敏（2003）"人家"的指代功能及语义分析，《语法研究和探索（十二）》，北京：商务印书馆。

邵敬敏、朱晓亚（2005）"好"的话语功能及其虚化轨迹，《中国语文》第 5 期。

沈家煊（1987）语用学论题之四：会话结构（S.C.Levinson），《国外语言学》第 1 期。

沈家煊（2001）语言的"主观性"和"主观化"，《外语教学与研究》第 4 期。

沈家煊主编（2005）《现代汉语语法的功能、语用、认知研究》，北京：商务印书馆。

沈开木（1996）《现代汉语话语语言学》，北京：商务印书馆。

沈　阳（1996）关于"大＋时间词（的）"，《中国语文》第 4 期。

沈志刚（1986）"你"的临时意义及其修辞作用，《汉语学习》第 3 期。

沈志刚（1993）人称代词意义在语境中的变化，《汉语学习》第 5 期。

盛继艳（2006）语气副词"可"的语义分析，《佳木斯大学社会科学学报》第 6 期。

施光亨、刘　伟（1996）口语表述的即时性及与此相关的口语特点——对一篇讲词的分析，《世界汉语教学》第 4 期。

司红霞（2009）《现代汉语插入语研究》，长春：东北师范大学出版社。

宋孝才（1987）谈"北京口语调查"，《世界汉语教学》预刊第 2 期。

孙汝建（1981）人称代词的活用，《汉语学习》第 3 期。

孙汝建（1999）《语气和口气研究》，北京：中国文联出版社。

唐雪凝（2009）试析"那叫一（个）X"，《汉语学习》第 6 期。

唐玉柱（2002）《语言形式与语言功能》评述（Newmeyer），《当代语言学》第 2 期。

唐正大（2005）关中方言第三人称指称形式的类型学研究，《方言》第 2 期。

陶红印（1999）试论语体分类的语法学意义，《当代语言学》第 3 期。

陶红印（2002）汉语口语叙事体关系从句结构的语义和篇章属性，日本《现代中国语研究》第 4 期。

陶红印（2003）从语音、语法和话语特征看"知道"格式在谈话中的演化，《中国语文》第 4 期。

陶红印（2004）口语研究的若干理论与实践问题，《语言科学》第 1 期。

陶红印（2007）操作语体中动词论元结构的实现及语用原则，《中国语文》第 1 期。

佟秉正（1986）汉语口语教学：从句构练习到交际练习，载《第一届国际汉语教学讨论会论文选》，北京：北京语言大学出版社。

佟秉正（1997）从口语到书面——中级汉语教学课题之一，载《第五届国际汉语教学讨论会论文选》，北京：北京大学出版社。

宛新政（2008）"（N）不V"祈使句的柔化功能，《世界汉语教学》第3期。

万中亚（2006）从视角转换看"人家"的语义，《周口师范学院学报》第11期。

汪卫权（2000）人称代词与指人名词的语义关系，《淮南师专学报》第1期。

王灿龙（1999）重动句补议，《中国语文》第2期。

王灿龙（2000）人称代词"他"的照应功能研究，《中国语文》第3期。

王灿龙（2002）现代汉语回声拷贝结构分析，《汉语学习》第6期。

王冬梅（1997）指代词"人家"的句法、语义考察，《汉语学习》第4期。

王福祥（1989）《汉语话语语言学初探》，北京：商务印书馆。

王改改（2003）北京话口语中的"被"字句，《汉语学习》第2期。

王海峰、王铁利（2003）自然口语中"什么"的话语分析，《汉语学习》第2期。

王红梅（2008）第二人称代词"你"的临时指代功能，《汉语学习》第4期。

王慧慧（2006）代词"人家"自称的社会语言学研究，暨南大学硕士学位论文。

王家衡（1988）《话语分析导论》评介（Tony O'Brien），《国外语言学》第3期。

王　健（2008）说"别说"，《语言教学与研究》第2期。

王培基、吴新华（1981）关于青海口语语法的几个问题，《中国语文》第1期。

王　伟、周卫红（2005）"然后"一词在现代汉语口语中使用范围的扩大及其机制，《汉语学习》第4期。

王喜伶（2008）论"人家"的模糊语义，《现代语文》第4期。

王晓凌（2008）说带虚指"他"的双及物式，《语言教学与研究》第3期。

王　彦（2007）商品买卖话语活动的目的分析，《当代语言学》第3期。

王幼华（2011）"真是的"的语义倾向及其演变进程，《语言教学与研究》第1期。

王　志（2005）《汉语会话结构研究》，长沙：湖南师范大学出版社。

王治敏、李　芸、俞士汶（2004）人称代词和名词的组合搭配研究，第二届全国大学生计算语言学研讨会论文集。

尉文玼（1986）论话语结构的语言学分析（F.Dane），《国外语言学》第 1 期。

尉文玼（1987）索温斯基的《话语语言学》简介，《国外语言学》第 4 期。

温锁林（2001）《现代汉语语用平面研究》，北京：北京图书馆出版社。

温锁林（2008）汉语口语中表示制止的祈使习用语，《汉语学习》第 4 期。

温锁林、范　群（2006）现代汉语口语中自然焦点标记词"给"，《中国语
　　文》第 1 期。

文　炼（1996）谈谈汉语语法结构的功能解释，《中国语文》第 6 期。

吴长安（2007）"爱咋咋地"的构式特点，《汉语学习》第 6 期。

吴东英、秦秀白、吴柏基（2004）香港报刊语言口语化的表现形式和功能，
　　《当代语言学》第 3 期。

吴　平（2001）汉语会话中的反馈信号，《当代语言学》第 2 期。

吴青军（2009）"（X）真是（的）"句式的语义分析，《汉语学习》第 4 期。

吴为善、夏芳芳（2011）"A 不到哪里去"的构式解析、话语功能及其成因，
　　《中国语文》第 4 期。

吴伟萍、肖友群（2006）代词的语用功能及翻译探析——以《红楼梦》"人
　　家"为例，《江西社会科学》第 10 期。

吴卸耀（2002）自称调节人际关系的功能与言语情景，《修辞学习》第 6 期。

席　嘉（2003）转折副词"可"探源，《语言研究》第 2 期。

席建国、张静燕（2008）话语后置的认知基础及其功能分析，《语言教学与
　　研究》第 6 期。

项开喜（1997）汉语重动句式的功能研究，《中国语文》第 4 期。

谢芷欣（2004）我说口语结构"我说"，《东莞理工学院学报》第 2 期。

熊学亮（1993）情景模型理论评介，《国外语言学》第 4 期。

熊子瑜、林茂灿（2004）"啊"的韵律特征及其话语交际功能，《当代语言
　　学》第 1 期。

徐　丹（1989）第三人称代词的特点，《中国语文》第 4 期。

徐晶凝（1998）"这么说"试析，《汉语学习》第 4 期。

徐晶凝（2004）语气助词"吧"的情态解释，载《第七届国际汉语教学讨
　　论会论文选》，北京：北京大学出版社。

徐晶凝（2007）语气助词"呗"的情态解释，《语言教学与研究》第 3 期。

徐晶凝（2008）《现代汉语话语情态研究》，北京：昆仑出版社。

徐赳赳（1993）话语分析：语言能力研究的一部分（Ellen F.Prince），《国外语言学》第 3 期。

徐盛桓（1999）疑问句探询功能的迁移，《中国语文》第 1 期。

许维翰（1982）"爱……不……"与"爱……不……的"，《汉语学习》第 2 期。

闫亚平（2007）人际功能与"人家"所指的扩张，《语言教学与研究》第 2 期。

杨春冉、杨青云（2006）指代词"人家"的指称功能及修辞效果，《安徽文学》第 11 期。

杨德峰（2001）也论易位句的特点，《语言教学与研究》第 5 期。

杨惠芬（1993）副词"可"的语义及用法，《世界汉语教学》第 3 期。

杨敬宇（1998）"人称代词＋指人名词"结构的歧义，《汉语学习》第 3 期。

姚剑鹏（2008）对会话自我修补的研究，《当代语言学》第 2 期。

姚小鹏（2011）追补性"当然"的篇章功能，《语言教学与研究》第 6 期。

姚占龙（2008）"说、想、看"的主观化及其诱因，《语言教学与研究》第 5 期。

叶友文（1988）"这"的功能嬗变及其他，载《第二届国际汉语教学讨论会论文选》，北京：北京语言大学出版社。

易洪川（1997）汉语口语里的一种施事宾语句，《语言教学与研究》第 4 期。

尹世超（2008）应答句式说略，《汉语学习》第 2 期。

俞敦雨（1982）"爱 × 不 ×"式的分析，《汉语学习》第 2 期。

俞　敏（1987）论北京口语的"动宾"结构，《世界汉语教学》第 2 期。

乐　耀（2010）北京话中"你像"的话语功能及相关问题探析，《中国语文》第 2 期。

乐　耀（2011a）从"不是我说你"类话语标记的形成看会话中主观性范畴与语用原则的互动，《世界汉语教学》第 1 期。

乐　耀（2011b）从人称和"了₂"的搭配看汉语传信范畴在话语中的表现，《中国语文》第 2 期。

曾立英（2005）"我看"与"你看"的主观化，《汉语学习》第 2 期。

翟颖华（2004）旁指代词"人家"的构成及其语用状况考察，《修辞学习》第 4 期。

詹开第（1984）谈口语里的一种句式，《汉语学习》第 1 期。

张爱玲（2006）"人称代词＋专有名词"及其表达效果，《长春师范学院学报（人文社会科学版）》第 3 期。

张伯江（1994）汉语句法的功能透视，《汉语学习》第 3 期。

张伯江（1997）疑问句功能琐议，《中国语文》第 2 期。

张伯江（2007）语体差异和语法规律，《修辞学习》第 2 期。

张伯江（2011）汉语的句法结构和语用结构，《汉语学习》第 2 期。

张伯江、方 梅（1995）北京口语易位现象的话语分析，载《语法研究和探索（七）》，北京：商务印书馆。

张伯江、方 梅（1996）《汉语功能语法研究》，南昌：江西教育出版社。

张伯江、方 梅（2007）《汉语功能与语法研究》，北京：中国社会科学出版社。

张德禄（2004）系统功能语言学的新发展，《当代语言学》第 1 期。

张拱贵（1991）释"A 头 C 脑"，载《第三届国际汉语教学讨论会论文选》，北京：北京语言大学出版社。

张会森（1983）苏联俄语口语研究概述，《国外语言学》第 3 期。

张会森（1989）苏联的功能语法研究，《国外语言学》第 3 期。

张 静、杨 娟（2004）说"V 都不 V"格式，《汉语学习》第 3 期。

张炼强（1982）人称代词的变换，《中国语文》第 3 期。

张 韧（1997）功能语言学的社会认知方向：交际语言学的理论、应用与发展，《国外语言学》第 1 期。

张韧弦（2008）基于缺省逻辑的一般会话含义例证的形式处理，《当代语言学》第 2 期。

张若莹（1997）试论高级口语教学中的几个基本问题，载《第五届国际汉语教学讨论会论文选》，北京：北京大学出版社。

张新华（2005）"你这个 NP！"表达的功能研究，《世界汉语教学》第 4 期。

张雪平（2005）"可"的程度意义及其来源和演变，《天中学刊》第 6 期。

张燕春（2004）易位与倒装和追补，《汉语学习》第 6 期。

张志公（1983）要对口语进行全面的研究——序陈建民《汉语口语》，《汉语学习》第 3 期。

赵　明（2009）代词"人家"的交际功能，《现代语文（语言研究版）》第 11 期。

赵元任（1979）《汉语口语语法》（吕叔湘译），北京：商务印书馆。

郑娟曼、张先亮（2009）"责怪"式话语标记"你看你"，《世界汉语教学》第 2 期。

周　刚（1988）从信息论看航空通信口语的特点，《汉语学习》第 3 期。

周继圣（1989）汉语口语中的"啧"，《世界汉语教学》第 4 期。

周利芳（2005）汉语口语中表肯定、否定的话段衔接成分，《语言教学与研究》第 5 期。

周士宏（2009）"吧"的意义、功能再议，《语言教学与研究》第 2 期。

周士宏（2010）从信息结构角度看汉语口语中的"主谓倒装句"，《汉语学习》第 3 期。

周一民（2003）北京话里的"差点儿没 VP"句式，《语言教学与研究》第 6 期。

朱德熙（1987）现代汉语语法研究的对象是什么？《中国语文》第 4 期。

朱玲丽（2009）现代汉语"人称代词＋称谓词"研究，江西师范大学硕士学位论文。

朱文文（2011）状补话语功能的对立及其对形容词的语序选择，《语言教学与研究》第 1 期。

朱永生主编（2002）《世纪之交论功能》，上海：上海外语教育出版社。

邹崇理（1998）话语表现理论述评，《国外语言学》第 4 期。

邹　渊（2006）人称代词和指人名词组合的语用分析，《语言文字修辞》第 4 期。

Diana Boxer、Andrew D. Cohen（2007）《口头话语分析与第二语言习得》（英文），北京：世界图书出版公司。

Hongyin Tao、Sandra A. Thompson、徐赳赳（1995）话语和语法的关联：汉语会话中常用的小句结构，《国外语言学》第 4 期。

Viviane Alleton、王秀丽（1992）现代汉语中的感叹语气，《国外语言学》第 4 期。

第二章　对话语境与副词"可"的交互主观性[*]

——基于王朔和刘心武作品的分析

提　要　本章从对话语境出发，以实际语料分析为基础，探讨副词
"可"的语义功能。我们认为，古代汉语动词"可"的"许
可"义是现代汉语副词"可"产生的语义基础。现代汉语
副词"可"的种种语义功能与其语义基础密切相关。副词
"可"往往出现在对话框架之中，用以突显听/说者的[+预
期]，从而激活对话的交互性。概括地说，副词"可"是用
来观照听/说者之间的主观期望，从而激活对话框架的一个
元语言成分。

关键词　"可"（副词）　对话框架　突显　[+预期]　交互主观性

第一节　引言

1. 问题的提出

现代汉语副词"可"频繁使用于口语交际中，其意义和用法十分复杂：
有的表示所谓强调语气，如"这鱼可新鲜呢！"（吕叔湘主编 1999:334）有
的表示转折，如"我嘴上说得镇定，心里面可像十五个吊桶七上八下。"
（北京大学中文系 1955、1957 级语言班编 1982:302）有的还可表示疑问，
如"杭州你可曾去过？"（吕叔湘主编 1999:334）可见，副词"可"似乎有
着一些完全不同的表达功能。我们的问题是，"可"有无核心意义？如果有，

---

[*]　本章与李慧敏合作完成，其简写稿以同名论文发表于《语言教学与研究》2009 年第
2 期。

它的核心意义是什么？这些不同用法之间是否存有内在的语义联系？对这些问题的回答，前人的研究显然是不够充分的。

2. 副词"可"研究概略

关于副词"可"的研究已有相当多的成果。首先，从词性来看，多数著作认为"可"是表语气的副词，用在不同的语境中可以表达不同的语气，如强调、确认、提醒、疑问、轻说等[①]。也有著作认为"可"是表估价、评注、情态的副词[②]。如黎锦熙（1992:132~133）把"可"作为从说话者的主观方面来认定或揣度某种动作的性态之一的"表相反"的副词。张谊生（2000:50）认为"可"是评注性副词，对相关命题或述题进行主观评注。王力（1955:318~323）把"可"归入带情绪的语气末品一类。上述有关"可"表示"主观愿望、情绪、主观评注"等的认识引起了我们的注意，是我们探究"可"的重要认识基础。此外，刘丹青等（2001）认为"可"是话题焦点敏感算子。其次，从"可"的语义功能来看，杨惠芬（1993）按不同的句式对"可"的语义和语用规律进行了详细的探讨，认为"可"用于陈述句，表示确定的语气；用于感叹句，有轻说、重说两种情况；用于祈使句，有"一定"、"无论如何"的意思；用于疑问句，表疑问和加强疑问语气；用于转折复句的后一分句，表示语义的转折。盛继艳（2006）认为，"可"的语境语义有加强肯定、夸大程度、提示义、辩驳义、如愿义、对比义和反诘义等。蒋协众（2008）把"可"分为语气副词"可$_1$"和程度副词"可$_2$"两种，前者常轻读，后者往往重读，并指出用"可$_2$"的句子语义是自足的，而用"可$_1$"的句子都能补出一定的语境信息或能听出言外之意。最后，从"可"的来源来看其语义演变，齐春红（2008:185~207）指出，"可"由表客观意义的动词"许可"进一步虚化为表达说话人的主观态度的语气副词。江蓝生（1990）、蒋冀骋等（1997:449）、席嘉（2003）也分别对表转折和疑问的副词"可"做了探讨。

[①] 相关论述见王力(1955:249~323)、北京大学中文系 1955、1957 级语言班编（1982:299~302）、杨惠芬（1993）、侯学超（1998:365~367）、吕叔湘主编（1999:333~334）、刘月华等（2001:212）。

[②] 相关论述见王力（1955:249）、赵元任（1979:347）、黎锦熙（1992:132~133）、何元建（1996）、张谊生（2000:50）。

3. 已有研究的不足

我们认为，有关副词"可"的研究仍有一些问题值得进一步探讨。如"语气"说、"情态"说和"焦点"说虽都具有一定道理，但均未触及"可"的核心。"语气"说显得有些空泛，因为只要出现在不同的句类，"可"就会表达不同的语气。而"情态"说比"语气"说虽深入一步，探讨了语气源于人的主观愿望，但源于什么样的主观愿望，"情态"说也未做进一步说明。再者，"可"的语义功能出现了诸如疑问、强调、转折等看法，这些看法之间是否有内在联系，已有研究也未做出说明。可见，各种结论之间显然是有些割裂的。

4. 研究目标和语料说明

基于上述情形，我们确定本章的研究目标是：从动词"可"的语义框架出发，分析副词"可"的核心语义以及各种语义变体之间的内在联系；从对话语境出发，探讨副词"可"与对话语境之间的相互作用，揭示"可"的核心表达功能；以此为基础，我们将通过语料分析证明副词"可"在表达说/听话人主观性方面具有交互性的特征。

本章选取常年在北京生活的作家的作品为语料来源，运用北京大学CCL 语料库检索系统（网络版），检索了王朔和刘心武的所有作品，共统计得到 671 个副词"可"字句[①]。其中，"可"字陈述句 410 例（包括反问句 5例[②]），感叹句 125 例，祈使句 89 例，疑问句 47 例。下文的分析就以此为语料基础。

第二节　"可"的语义基础及其语法化轨迹

1. 实词虚化的一般规律

实词虚化主要是指语言中意义实在的词转化为无实在意义、表达语法功能的成分这样一种过程或现象（沈家煊 1994）。很多实词的虚化都与其使

---

① 这里不包括已经词汇化了的"可不、可不是、可不是吗"等语言表达形式。

② 反问句的特点是无疑而问，一般用肯定的形式来加强否定的表述，用否定的形式来加强肯定的表述，表义十分明确，因此我们将其归入陈述句加以探讨。

用的语境有关，但是虚化是有先决条件的，这个先决条件就是实词自身的语义基础，而语境等因素只有在这个语义基础之上才能发挥作用。语义是实词虚化的内因，而语境等是实词虚化的外因。我们认为，实词在其虚化的过程中，往往遵循着语义相宜性原则，即以一定的词汇语义为基础并沿着一定的路径而发展。简单地说，有什么样的原始词汇意义，它就会朝着什么样的方向去语法化（张旺熹 2006:171~172）。基于这样的认识，我们先来考察一下"可"的语义基础。

2. 动词 / 助动词"可"的语义基础

根据《说文·可部》解释："可，从口，丂；丂亦声。""可，肎（肯）也。"《广韵·哿韵》注释为："可，许可也。"由此可见，"可"的本义为"准许、许可"，是典型的言语行为动词。那么，何谓"许可"？我们认为，所谓"许可"就是指说话人满足听话人的期望。这其中包含了"[言者]+[听者]+[期望]+[满足]"这样四个语义要素。"可"的这四个要素所形成的语义框架体现了交际过程中言者与听者之间相互观照的典型特征。

3. 从动词到副词的语法化

由动词 / 助动词发展而下，"可"成为表疑问的副词。江蓝生（1990）认为，助动词"敢"虚化为疑问副词是在反问句的语境中形成的，"可"与"敢"词性一致，都是助动词。根据类化或同步引申的规律推断："可"也是沿着与"敢"类似的途径演变为疑问副词的。根据席嘉（2003）、齐春红（2008:185~207）可知，"可"的强调义是由表疑问的"可"而来。他们认为，疑问中的揣度和反诘在一定的语境中可以理解为强调，然后这种强调用法"凝固化"而形成一种新的用法。

有研究（如席嘉 2003，齐春红 2008:185~207）认为，"可"在虚化过程中，由表客观意义的动词"许可"进一步虚化为表达说话人主观态度的副词，并认为语用推理和推导意义的"固化"是其语义演变的最主要动因，我们十分认同这一观点。"可"的这种发展过程所体现出的主观性越来越强，最初作为动词的词义也越来越虚化。

4. 动词"可"的语义框架对副词功能的影响

语法化研究表明，现代汉语很多虚词早期都源于动词。而动词的语义在语境等因素的作用下会不断发生演变，但这种演变并非杂乱无章、漫无目的，而总是朝着一定的方向发展变化的。正因为如此，动词"可"由表"许可、准许"义发展到所谓的强调、疑问、转折等用法，与其"[言者]+[听者]+[期望]+[满足]"语义框架的作用密不可分。"可"作为动词的语义框架制约了后起副词语义功能的演变方向，这是语义相宜性的必然要求。

第三节　副词"可"的对话语境

1. 话语分析与"可"的对话语境

话语是一个过程，通过将话语中的词、短语、句子等记录下来，来表明发出者（说话人／作者）向接受者（听话人／读者）传递信息的意图。（屈承熹 2006:3）在话语分析中，上下文语境在帮助说话人传达语义、帮助听话人理解意思时能起到十分重要的作用。因为词的意义和功能总是在一定的语境之中得到体现的，特别是虚词，因其意义十分空灵，离不开其所依赖的语境，很多时候没有语境便无法完成正常的交际任务。其中"你一言我一语"的对话便是一种最为基本的对话语境。这种对话语境至少包含言者与听者两方的参与：言者发起对话，听者接收言者对话所表达的信息并做出相应的反馈。因此我们认为，研究虚词可以从话语分析的角度出发，考察其所在的语境和所表达的功能，这是一条十分有效的途径，对"可"的分析也应如此。

受动词"可"语义框架的制约，副词"可"与人的主观预期密切相关，这种预期体现了交际过程中言者与听者之间的互动关系：即言者有所陈述，而听者必定要有所回应。这种"你一言我一语"的交流过程便是"可"最适宜的对话语境，由此便形成"可"所处的典型的"你—我"对话语境。我们看到，早期动词"可"的四要素语义框架制约了现代汉语副词"可"所出现的典型的对话语境。考察充分表明，"可"字句与"你—我"对话框架密切相关。

2. 副词"可"所处的对话语境

考察发现,"可"所处的对话语境有三种形态:典型的、次典型的和非典型的。所谓典型的"你—我"框架是指,同一句话中既出现了"我"(包括"俺、咱"等),也出现了"你"(包括面称、直呼对方姓名等),言者与听者均出现在同一话语形式之中;所谓次典型的"你—我"框架是指句中或"你"或"我"被隐含了的形式,这类句子虽然言者与听者并未共现于同一话语形式,但双方必定都出现在言谈现场;所谓非典型的"你—我"框架是指既无"你"也无"我"的句子形式。统计表明,"可"字句86%以上出现在"你—我"对话框架之中(典型和次典型的)。具体分布情况见表1所示:

表 1

句类 \ 对话框架		典型"你—我"框架	次典型"你—我"框架	非典型"你—我"框架	总 计	
陈述句	否定句	73	129	34	236	410
	肯定句	62	91	21	174	
祈使句	否定句	38	25	5	68	89
	肯定句	13	8	0	21	
感叹句	积极句	4	53	13	70	125
	消极句	3	42	10	55	
疑问句		3	37	7	47	
总 计		196	385	90	671	
所占比例		86.6%		13.4%	100%	

由表1我们可以看到副词"可"使用的一些基本情况:

"可"字陈述句共410例,其中否定句236例,肯定句174例。否定句中典型"你—我"框架句73例,次典型框架句129例,非典型框架句34例。例如:

(1)我先声明我可没一点瞧不起你,你自个别心虚。(王朔《我是你爸爸》)

（2）酒量不大还爱逞能，回头喝吐了可没人管你。（王朔《过把瘾就死》）

（3）这下，马锐可揪住不放了。（王朔《我是你爸爸》）

肯定句中典型"你—我"框架句62例，次典型句91例，非典型句21例。例如：

（4）我这可是仁至义尽了，你别不识好歹。（王朔《过把瘾就死》）

（5）再脱我可就光膀子啦。（王朔《空中小姐》）

"可"字祈使句共89例，其中否定句68例，肯定句21例。否定句中"可"处于典型"你—我"框架的38例，处于次典型框架的25例，处于非典型框架的5例。肯定句中处于典型"你—我"框架的13例，处于次典型框架的8例。例如：

（6）你可别给我演义。（王朔《许爷》）

（7）你可不能学坏啊！（刘心武《我可不怕十三岁》）

（8）小凯，你可得让我们放心啊！（刘心武《我可不怕十三岁》）

（9）你可一定去，别把票废了，好几百块呢！（王朔《我是你爸爸》）

"可"字感叹句共125例，其中积极义70例，消极义55例①。积极义句处于典型"你—我"框架的4例，处于次典型框架的53例，处于非典型框架的13例。消极义句中处于典型"你—我"框架的仅3例，处于次典型框架的42例，处于非典型框架的10例。例如：

（10）"你现在可真是苦尽甘来啊！"我艳美地说。（刘心武《画星和我》）

（11）我们小蓓可有正义感了。（王朔《顽主》）

（12）别说了，你再这么说我可真无地自容了。（王朔《我是你爸爸》）

（13）呃，不不不，这话可说重了，他还不至于。（王朔《我是你爸爸》）

---

① 我们判定感叹句为积极义还是消极义，是按"可"后的行为和评价是否符合说话人的愿望而确定的。

"可"字疑问句共 47 例,处于典型框架的仅 3 例,处于次典型框架的 37 例,处于非典型框架的 7 例。例如:

(14) 昨晚那么晚你把人家一个人扔在小树林里,要是碰见坏人可怎么办?(王朔《许爷》)

(15) 你可曾问她什么?(刘心武《秦可卿之死》)

上述考察表明,副词"可"基本处于"你—我"对话框架之中,这个对话框架至少包括言者与听者两个交际的参与者。有时听说双方都显性地出现在同一个句子里,有的句中虽未用语言形式明确标示听说双方都在场,但这种对话语境已经隐含了"你—我"二者的存在。接下来的问题是:副词"可"为什么会与这种典型的对话框架有如此紧密的联系?

第四节 副词"可"对 [+ 预期] 的突显

如前所述,副词"可"基本出现在对话框架之中,这与"可"对 [+ 预期] 的突显紧密相关。一般来说,汉语的句类是根据语气来划分的。而语气是针对听话人而言的,它体现了说话人所要表达的交际意图,体现了言者与听者之间的互动关系。"可"对 [+ 预期] 的突显和语气所表达的交际意图有很大的关联。在不同的句类中,"可"突显 [+ 预期] 的表现也是不一样的。因为虚词通常具有一个核心意义或功能,只是在不同的环境和语言组织的不同层面上可以有不同的解释(屈承熹 2006:139~140)。我们认为,副词"可"的核心语义功能在于对 [+ 预期] 的突显。下面我们逐一考察副词"可"在各句类中对 [+ 预期] 的突显情况。

1. "可"在陈述句中对 [+ 预期] 的突显

陈述句是通过描写、叙述、说明和议论的表述形式传达给听话人或读者以信息的。一般情况下,在非对话语境中,陈述句出现的数量最多(刘月华等 2001:25)。不过,考察发现,"可"字陈述句却绝大多数出现在对话语境中,处于典型的对话框架,且多为说明性或议论性的内容。这类陈述句在传达命题内容的同时,也体现出表述上的倾向性。有 180 个陈述句中的"可"是紧跟在第一人称"我、咱"等后面的。我们认为，正是由于副词"可"能够突显[+预期]，所以说话人在表达个人的主观倾向时，也总是针对对方的话语所作的回应或希望对方对自己的话语有所回应，因而"可"往往用于对话之中。

（1）"可"在陈述否定句中对[+预期]的突显

否定型"可"字句在陈述句中占有较大比例。例如：

（16）你还会吃醋，这我可没想到。（王朔《橡皮人》）

（17）我现在希望听到的，可不是这些话。（王朔《空中小姐》）

例（16）可理解为"我以前以为你不会吃醋，现在的事实是你吃醋了，这否定了我以前的预期"。例（17）意为"你以为现在我希望听到的是这些话，事实上不是这样"或"我现在希望听到的的确不是这些话"。否定型"可"字陈述句既可否定听话人的预期，也可否定说话人自己的预期。而这种前后"你我"的对比否定，在某种程度上起到了强调的作用。同时，如果它们出现在表转折的语境中就自然构成一种转折关系。吕叔湘（1982:340）指出，转折多半是因为甲事在我们心中引起一种预期，而乙事却轶出这个预期，于是就在心理上产生一种转折。因此，转折与副词"可"对[+预期]的突显有着必然的联系。

（2）"可"在陈述现实肯定句中对[+预期]的突显

张旺熹（1999:187）指出，人类把自己关注的世界大体分为未然的非现实世界、或然的可能世界和已然的现实世界这三个表达层面。据此，我们将表达前两者的"可"字句称为非现实句，表达后者的"可"字句称为现实句，并以此为标准来考察"可"字肯定型陈述句。"可"字现实肯定句有106例。例如：

（18）心里一定在想，我真不懂事，这样一来，那画原来如果值一万，这下可就贬值到六千了……（刘心武《画星和我》）

（19）就是在这样的大饭店里消费，买单也是信用卡，很少动用现金……他可全是现金，一满箱子，他怎么到银行里去存放？（刘心武《吉日》）

例（18）中说话人本来预期"画值一万"，结果贬到只有"六千"，客观结果背离了说话人的预期，形成一种语义上的转折。黎锦熙

（1992:132~133）指出"可"重在心理方面，表相反。我们认为，这个心理方面其实就是指人的主观心理预期。如"现在我可就明白你的意思了。"这句话的含义是"言者过去没有明白而现在明白了听者的预期"。"可"字现实句所描述的事件已进入时间流程，成为已然事件。我们认为，肯定型"可"字现实陈述句所表示的客观结果、已然事实与说话人早先的预想相违背。使用副词"可"便突显了这种 [+ 预期] 的不同，从而表明说话人由此在主观上做出了某种认定。

（3）"可"在陈述非现实肯定句中对 [+ 预期] 的突显

我们考察得到 68 个非现实"可"字肯定陈述句。例如：

（20）以后买机票我可全找你了。（王朔《橡皮人》）

（21）不用我送我可走了。（王朔《痴人》）

非现实句中的事件尚未发生，副词"可"在非现实句中突显了言者的主观愿望或某种预想到的后果。例（20）中，说话人用明确的语言形式表达了他"以后买机票想找听话人"的期望，也就是说话人对未来的某种预期。而这种预期比较明确直接，因此含有提醒注意的意味。例（21）是说话人提出对未来某种情形或后果的预见，也属于[+预期]的变化形式。总之，非现实肯定陈述句中的副词"可"十分明确地突显了说话人的主观[+预期]。

2."可"在感叹句中对 [+ 预期] 的突显

感叹句主要用来抒发感情，其结构一般都比较简单。我们按照"可"后词语是否符合一般人的正面期望，将感叹句分为积极义和消极义两类。符合说话人的正面期望的便是积极义，而不太符合说话人正面期望的便是消极义。语料中有 70 个积极义感叹句，有 55 个消极义感叹句。前者如例（22）、例（23），后者如例（24）、例（25）：

（22）他对薛苹可好啦。（王朔《空中小姐》）

（23）一块儿钓钓鱼嘛，我以前也没钓过，听说可有好处啦……（刘心武《看不见的朋友》）

（24）真不容易，你们这工可真难找哇。（王朔《人莫予毒》）

（25）你不是也一直说你是劳改犯，不过你这种冒充可太俗了。（王朔《永失我爱》）

先看积极义的"可"字句。人们一般都认为"男人应该对女人好"、

"钓鱼有益于身体健康"。即"可"后的内容一般都是言者所期望的结果。我们把积极义的"可"字感叹句概括为说话者的正面期望得到高度满足。我们日常口语中的"这下可好了！"一类幸灾乐祸的句子便充分说明了这一点。

然而，人生之事不如意者十之八九。副词"可"也常用于消极义句。如例（24）、例（25）的"工难找"、"你的冒充太俗了"，一般而言，这些都并非说话人的预想。我们认为，消极义句中的"可"往往引申为表达程度的意义。这是"可"发生语义变化的突出表现。因此，我们认为，从对正面期望的高度满足再进一步抽离为完全表示程度的意义，便形成消极义感叹句的意义。"可"的语义功能在其中可以看作是纯然表达程度高。

副词"可"在语境中从满足某种期望发展至高度满足期望，进而发展出纯然表示程度的语义功能，实现了表程度、强调意义的不断衍化。那么，为何会出现这种变异呢？我们认为，人们一旦发现自己的预期得到高度满足之后，便会发出感叹。此时副词"可"已不仅仅是表达满足期望的语义功能，而是表达超出了期望值的语义功能，这种超出期望值的表达功能长时间地被使用，便会在语境中衍生出表程度高的意义，这就是语义泛化和语用法语法化的结果[①]。

3. "可"在祈使句中对 [+ 预期] 的突显

先看例句：

（26）同志，咱们可千万不能让他得逞呵！（王朔《枉然不供》）

（27）你可千万别出去对人乱说。（王朔《痴人》）

（28）回头吃饭你可得去。（王朔《无人喝采》）

（29）这下你当上三好学生了，可该告诉我啦！（刘心武《看不见的朋友》）

祈使句是典型的表达说话人主观意愿的句子。它表达说话人祈使的交际意图，这种意图从本质上说就是言者的某种预期。例（26）、例（27）是希望对方不要做什么，这是言者预设听者已有某种意愿或期望，而言者要去否定这种期望。否定祈使句，不加"可"时语气比较强硬，表达一种严

---

① 张雪平（2005）也有相关的论述。

肃的告诫；而有"可"时句子语气比较委婉，表达一种恳切的叮咛或请求。例（28）、例（29）是肯定祈使句，表达说话人正面的期望，即希望对方做某事，从而满足自己的预期。考察表明，在21例肯定句中"可"后面紧跟"要、得（děi）、该"等助动词的句子就有15例。这些助动词可以表示估价，表示情理上或事实上的需要。（朱德熙1982:63~64）这种估价也正与人的主观期望密切相关。

4."可"在疑问句中对 [+ 预期] 的突显

副词"可"能用于是非问句、特指问句和反复问句[①]。例句如下：

（30）对，就讲你和安德蕾小姐的浪漫故事吧，这可都是你亲身经历吧？（王朔《许爷》）

（31）您老身子骨可好？（王朔《无人喝采》）

人们进行交际时所使用的句子中既有已知信息，也有未知信息，预设即属于已知信息。从语用角度来看，预设是指说话人在说某一句话时所持有的一系列设想和假设。也就是说，预设中所包含的内容都是说话人的想法，是说话人的期望。简言之，预设也是言者的某种期望。

例（30）属于测度句。问话人先前已经对二人之间的故事有所耳闻，因此建议听话人讲述"他"跟安德蕾小姐之间的浪漫故事。但问话人对这一估计的情况又不能完全肯定。"可"的出现表明，问话人特别期望他自己的揣测是正确的，只是对这一点他还稍有疑问。"可"字测度句是问话人在疑信之间希望自身想法得到肯定的一种期望，因为测度也是一种心理预期。

例（31）是询问句。在一般的人际交往过程中，人们在问候对方时，都是怀揣着美好的祝愿的。也就是说，问话人是有一定预期的，他希望对方身体是健康、安好的，使用副词"可"更突出地表明怀有这样的期望。因此，"可"字询问句是问话人对自己询问结果的一种期望。

我们还发现，副词"可"不能与选择问句和"吗"字是非疑问句共现。

---

① 吕叔湘（1982:285~286）指出：这类问句把一句话从正反两面去问，但就意义而论，这类问句和单纯是非问句没有分别，如"祝你老寿活八十可好？"甚至应用"怎么样"的特指问也有同样功用，如"祝你老寿活八十，怎么样？"这是形式和功能的错综变化之一例。

这一现象显然与"可"对 [+ 预期] 的突显有关。因为选择问和是非问都是让听话人在几个选择项之间进行自主选择，它不能附加问话人的主观偏向。这也从反面证明"可"突显 [+ 预期] 的特征。

5."可"从 [+ 预期] 到 [程度] 到 [转折] 的变异

副词"可"表达人的主观预期，首先最基本的是满足言者的预期。疑问句和祈使句是典型的突显言者预期的句子。例如：

（32）你可一定要替我争这口气，干出个样子给那些文化人瞧瞧。（王朔《痴人》）

（33）你妈身体可好？（王朔《无人喝采》）

感叹句是言者预期得到高度满足的句子，由此衍生出表程度和强调的意义。例如：

（34）其实周叔叔这人可好了、可逗了。（刘心武《黑墙》）

陈述句的情况复杂一些，分为否定句和肯定句两种。肯定型"可"字现实陈述句表示客观结果与说话人的预想相背，表达说话人对现实状态的主观认定；非现实"可"字肯定陈述句突显说话人的主观预期。否定型"可"字陈述句既可否定听话人的预期，也可否定说话人自己的预期。

四类"可"字句的情况表明，副词"可"之所以能够表达疑问、程度（强调）和转折，都与"可"对 [+ 预期] 的突显密不可分。"可"在不同的句类中对 [+ 预期] 突显的表现各不相同，并发生相应的变异，于是就产生了前人研究中所介绍的各种用法。我们认为，这种种用法都可以在突显 [+ 预期] 的框架中作为各种变体形式而得到合理解释。它们之间有着内在的逻辑关联，只是外在的表现形式不同而已。

第五节　副词"可"的交互主观性

1.交互主观性理论

语言不光能表现人的主观性，还经常可以用来表现言语者之间的交互主观性（intersubjectivity）。交互主观性是指说 / 写者用明确的语言形式表达对听／读者自我的关注，这种关注可以体现在认识意义上，即关注听／读者对命题内容的态度，但更多的是体现在社会意义上，即关注听／读者的"面子"或"形象需要"（吴福祥 2004）。我们认为，交互主观性主要是指说话人使用一定的语言形式去观照听话人的感受，即说话人在进行说话这一言语行为时，一方面需要顾及对方的感受，另一方面也要促使对方与自己互动，从而使用一定的语言形式来同时观照听说者双方的主观性。通过考察我们看到，"可"字句要么是对言者某种期望的表达，要么是对听者期望的回应。这种表达功能均可在一个最简单的对话语境中实现。我们认为，副词"可"所处的对话语境体现了对听／说双方交互观照的特征。

2."可"的交互主观性特征

对副词"可"的语用功能研究已有不少，比如有表加强肯定、提示、对比等种种说法（盛继艳 2006）。但我们认为，这些认识距离"可"的核心功能还有一定的差距。通过对四类句子的考察，我们探求到副词"可"主要用于突显 [+ 预期]。而"可"对 [+ 预期] 的突显，其实就是言者主观性的体现。Edward Finegan 认为，对主观性等的研究主要集中在说话人的视角 (perspective)、说话人的情感 (affect) 和说话人的认识 (epistemic modality) 三个方面（沈家煊 2001）。Traugott 也认为主观化是"意义变得越来越依赖于说话人对命题内容的主观信念和态度"（转引自吴福祥 2004）。"可"用于对话语境中，这种对话语境必然要求言者对听者的观照，听说双方需要处在一种良好的互动关系之中。

考察发现，有 86 例"可"字祈使句，其祈使的对象都是听话人"你"，句子表达的是说话人的期望，即言者"我"的主观性。只有 3 例把自我也放在了祈使对象的位置，成了祈使句主语的一部分[①]。这种由对听话人的期望到对包括自我在内的期望的转变，其实也是一种主观化的体现。此外，在陈述句中说话人在表达个人倾向性陈述时，也总是针对对方的话语所做的回应或希望对方对自己的话语有所回应，这也是交互主观性的体现。感叹

---

① 89 个祈使句中，句子的祈使对象为"咱们"一词的仅有 3 例。北京话中的"咱们"包括说话人和听话人在内。

句表达说话人的各种情绪、情感，使用"可"能够突显言者（听者）的主观预期以观照听话人的感受与反应。

又如，祈使句中说话人在表达祈使意愿时，使用副词"可"正是为了体现这种交互性。我们知道，人们在会话交谈的过程中，需要遵循会话的合作原则。在此基础上，人们需要对语言进行更高层次的调节，即要符合交际的礼貌原则，而这种调节就是言者对听者主观性的观照，是交互主观性的体现。人们遵循礼貌原则可以把不礼貌的意思减弱到最低限度，而表祈使的句子是要对方做或不做某事，这种行为由于侵犯了对方的权益因而是不礼貌的。但是祈使的交际任务又不得不完成，所以这时说话人一定要运用礼貌原则，通过各种方式去降低这种失礼的程度，尽量照顾对方的面子。祈使句中副词"可"的使用便能达成这样的目标：即说话人在提出祈使的要求后，"可"的出现突显了说话人的预期，具体可阐释为"我想请你做事，这是我的期望，请你满足我吧"。例如：

（35）今儿个我把心掏给了你，你<u>可</u>得替我兜着。（刘心武《如意》）

此例中，言者向听者表达"你替我兜着"的祈使意图，使用副词"可"后这种期望变得更加恳切，因为"可"不仅突显了言者的期望，同时还照顾到了听者的面子。因而，这比没有"可"的祈使句语气显得更加委婉。

3. "可"的基本话语功能

我们知道，动词"可"包含 [言者] + [听者] + [期望] + [满足] 等四个语义要素。四要素语义框架规约着副词"可"往往出现在对话语境中，而这种语境要求言者与听者之间相互观照，这便形成"可"的核心话语功能——激活对话的交互性。[+预期] 要求副词"可"必须在对话语境中使用，而对话语境含有听说双方两个参与者。言者有预期，听者必定要有所回应，双方的良好互动才能使交际持续下去。言者自我主观性表达得越明确、越强烈，对听者回应的期望也就越高。我们认为，现代汉语副词"可"的使用正是为了激活这种对话的交互性，只要句子出现副词"可"，就强烈要求对话双方进行互动，这是"可"基本的话语功能。例如：

（36）下回公安局有事我<u>可</u>找你们。（王朔《许爷》）

例（36）言者对听者提出一定的期望后，使用副词"可"意在表明"以后要是公安局有事我就找你们，你们看着办吧"，即要求对方做出明确的回应，这个回应一般而言就是强烈希望对方答应言者的要求。由此可见，副词"可"具有用以激活对话交互性的基本话语功能。

第六节　本章结语

虚词通常具有一个核心的语义功能，而这个核心语义功能一般源于早期实词的词义和功能。虚词在不同的环境和语言组织的不同层面上可以有不同的解释。古代汉语动词"可"的"许可、准许"义是现代汉语副词"可"产生的语义基础。其语义框架由"[言者]＋[听者]＋[期望]＋[满足]"等四要素构成。作为言语行为动词的"可"，其语法化为副词"可"时，与上述四要素语义框架密切相关：言者表达预期，听者需有回应，因而副词"可"往往出现在对话框架中，"可"的使用就是为了观照听／说者双方的主观感受，从而体现言者与听者之间的交互主观性。概而言之，我们认为，副词"可"是观照听／说者之间的交互主观性，从而激活对话语境的一个元语言成分。

第三章 汉语人称代词类话语标记系统的主观性差异 *

—— 基于两部电视剧台词的分析

提 要 本章从人称代词的角度，对"pron.+ 看 / 说 / 想"类结构的话语标记用法进行考察。我们依据人称代词的不同，对该类结构的话语标记能力和话语标记功能所表现出的系统上的不对称性进行描写，并从主观性、交互主观性以及对话框架的角度对这种不对称性进行理论阐释。我们认为，"pron.+ 看 / 说 / 想"类结构标记用法的主观性差异来源于不同人称代词对于对话框架激活功能的差异。

关键词 对话框架 话语标记 主观性 交互主观性

第一节 引言

1. 选题缘起

现代汉语中，"pron.+ 看 / 说 / 想"类结构①的话语标记功能存在着系统性的不对称现象：即由第一、二人称代词构成的"我 / 你（您）+ 看 / 说 / 想"类结构具有在对话语境中充当话语标记的功能，而由第三人称代词构成的"他（她）+ 看 / 说 / 想"类结构则不具备此项功能。试观察例（1）~例（9）：

（1）阿春：大李啊，店里没有药，<u>我看</u>，你还是带他去医院吧！（《北京人在纽约》）

---

* 本章与姚京晶合作完成，其简写稿以同名论文发表于《汉语学习》2009 年第 3 期。
① 为简化起见，行文中我们用"pron.+ 看 / 说 / 想"类结构来指代人称代词类话语标记。

（2）领导：老陈，你们这儿需要人吗？

老陈：可以了，<u>你看</u>，我们这儿6个人能应付得下来。（《编辑部的故事》）

（3）那是两本不同套的武侠小说，讲的尽是除暴安良的英雄壮举，<u>他看</u>了几页便没兴趣再往下看了。（语料库[①]）

（4）余德利：诶，<u>我说</u>牛大姐啊，像这么无耻的女人咱是不是也该把她公布于众，谴责一下儿？（《编辑部的故事》）

（5）戈玲：是够让人头疼的哈！这夫妻，<u>你说</u>，之间能不吵架吗？（《编辑部的故事》）

（6）秀梅：刚才冯老板还来过电话，<u>他说</u>他们刚进了一大批澳洲毛线。（《北京人在纽约》）

（7）余德利：你们瞧瞧，这么会儿工夫他吃了三盒饭，<u>你想想</u>，得亏呀，这是《新闻联播》辟的谣，这要是等《晚间新闻》辟谣呀，他不定还得吃几盒呢！（《编辑部的故事》）

（8）大李：我已经把房价降下来了，<u>我想</u>，少收总比楼空着的好。（《北京人在纽约》）

（9）<u>他想</u>，百年千年前，也有月夜。（语料库）

可以看到，在例（1）和例（2）、例（4）和例（5）、例（7）和例（8）中，"我＋看／说／想"、"你（您）＋看／说／想"处于典型的对话框架之中，充当具有不同话语功能的话语标记；而在例（3）、例（6）、例（9）中，"他看"、"他说"、"他想"仅限于表征真实的动作义，并不具有话语标记功能。由此可见，不同的人称对于"pron.＋看／说／想"类结构标记功能的形成有着重要影响。

2. 相关研究综述

汉语语法学界对"pron.＋看／说／想"类结构标记用法的研究由来已久，按照研究视角的不同，大致可分为共时研究和历时研究两大类。

早期研究多从语法、语义、语用三个平面出发，对相关语言现象进行

---

① 指该例句出自语料库，下同。这个语料库是指由北京语言大学语言信息处理研究所1996年完成的"现代汉语研究语料库"。

共时的静态描写和分类，如孟琮（1982b）、吕叔湘主编（1999:510、576）、刘月华（1986）、谢芷欣（2004）等。随着功能语言学理论的引入，近年来，出现了部分从情态角度开展的共时研究，如郭昭军（2004）、陈振宇等（2006）。

　　随着认知语言学的兴起，研究者逐步将研究视角转向了"pron.+ 看 / 说 / 想"类结构的词汇化、语法化及主观化问题，出现了一批从历时角度对该类结构语法化历程进行建构的研究成果。此类研究普遍认为，"pron.+ 看 / 说 / 想"类结构经历了由表征动作义到表征认知情态义再到充当话语标记的语法化历程。其中，个案研究有董秀芳（2003）、谷峰（2004）、曾立英（2005）等；宏观研究有方梅（2005）、耿小敏（2006）、姚占龙（2008）等。其中，姚占龙（2008）的研究与本论题最为相关。该文指出，"pron.+ 看 / 说 / 想"类结构所经历的语法化历程，主要是由该结构体后续成分的非现实情态以及人们在使用人称代词时所表现出的"自我"因素——即主观化倾向所引起的。在此，"我"作为言者主语突显个人的主观判断和推测，体现了较强的主观性，而"你"则具有较强的交互主观性。该文关注到了人称在"pron.+ 看 / 说 / 想"类结构语法化进程中的重要作用。不过，该文对于"你"、"我"在对话框架中的言者主语的特征尚欠挖掘，对于此类结构主观性、交互主观性的分析尚未充分展开。

　　综观以往的研究我们看到，从宏观角度探讨"pron.+ 看 / 说 / 想"类结构系统性差异的研究还有待丰富，对于此类结构的主观性研究尚未进一步扩展至交互主观性的层面。同时，人称代词在此类结构的语法化进程中所具有的重要价值还有待挖掘。

3. 研究目标和语料说明

　　我们认为，人称对于解释汉语人称代词类话语标记的系统性差异具有重要意义。因此，我们将引入言者主语的概念，从人称代词、言者 / 听者角度对汉语人称代词类话语标记的不对称性加以探讨。本章将在细致描写"pron.+ 看 / 说 / 想"类结构话语标记用法的基础上，对其话语标记功能做进一步细化的分类，并基于统计数据，总结此类结构各项话语标记功能的分布模式，进而挖掘汉语人称代词类话语标记系统的主观性差异及其产生的原因和机制。

本章将采用真实口语语料进行研究，文中除少量例句出自语料库外，主要例句均由笔者看录、转写自电视剧《北京人在纽约》和《编辑部的故事》中的有关台词。在看录、转写过程中，除逐字看录包含相关标记的句子外，同时记录完整话轮以突显相关标记在对话框架中的话语功能。我们共得到"pron.+ 看 / 说 / 想"类话语标记820例，本研究的相关数据统计工作均在此范围内展开。

第二节　话语标记的判定标准及其功能分类

话语标记，也称"语用标记"（pragmatic markers）、"话语小词"（discourse particles）、"话语连接词"（discourse connectives）等，是话语或篇章中常见的一种语言形式，其主要功能是表达说话人对对话语流中话语单位之间的关系或者言谈事件中受话人角色的态度、视角和情感（吴福祥2005）。本节旨在参考先前研究（Brinton 1996，Fraser 1996，方梅 2005）对于话语标记的判定尺度，结合本章的研究对象，提出对于"pron.+看/说/想"类话语标记更为具体、实用的判定标准，并对该类结构的话语标记功能加以分类。

1. 话语标记的判定标准

结合本章的研究对象，我们总结出下列 5 项人称代词类话语标记的判定标准，为便于操作，这些标准将尽可能包含一些外在的形式特征：

第一，意义虚化：由表现具体词汇义到标记整体话语功能，可删除且删除后不影响句子真值语义的表达。

第二，结构凝固化：标记多伴有轻读，且其后可加入句法停顿；标记内部不可插入其他修饰成分，而标记外部可附加语气助词。

第三，线性位置灵活化：可实现不同程度上的线性移位。

第四，句法形式去范畴化：不可受时体成分修饰、不可附加补语成分、否定成分等。

第五，话语意义主观化：由陈述客观事件转为表达主观情态。

举例来看：

（10）赵母：<u>我看</u>哪，这可天底下除了他瞧自个儿顺眼，那第二个可就是你了。(《编辑部的故事》)

我们做如下改写：

——a. 这可天底下除了他瞧自个儿顺眼，那第二个可就是你了。(可删除)

——b. 我看呀/吧/啊/呢/嘛/哈，这可天底下除了他瞧自个儿顺眼，那第二个可就是你了。(标记外部可附加语气助词)

——c. 这可天底下除了他瞧自个儿顺眼，我看哪，那第二个可就是你了。(可移位)

——d. *我看了/*我看一下/? 我看得明白，这可天底下除了他瞧自个儿顺眼，那第二个可就是你了。(不可附加时体成分及补语成分)

可以看到，例（10）的 a、b、c、d 四项改写式分别对应前四项判定标准，且"我看"在此处的话语功能表现为标引言者的主观情态，进而也与最后一项判定标准相符。我们由此认定，"我看"在此处是典型的话语标记。

依托上述判定标准，我们检索语料得到"pron.＋看/说/想"类结构的话语标记共计 820 例，具体涉及"我看"、"我说"、"我想"；"你（您）看"、"你（您）说"、"你（您）想"6 项话语标记。

2. 话语标记的功能类别

通过语料观察，我们认为，"pron.＋看/说/想"类标记的话语功能共涉及话题认知、话语提示、言者移情及话语引导四个领域。

（1）话题认知标记

话题认知标记后续陈述句或反问句，用于标引对话语境中言者对于某一话题的认识；若后续普通疑问句，则用于标引留待听者给予回应的待评价事件。即：

$$
话题认知标记＋S
\begin{cases}
（陈述/反问） & \rightarrow 标引言者认知 \\
（普通疑问） & \rightarrow 标引听者认知
\end{cases}
$$

例如：

（11）老陈：牛大姐、刘书友年纪都大了，<u>我看</u>呐，这个任务你们年轻同志来担任最合适。（《编辑部的故事》）

（12）小米：欸，<u>你说</u>这么多人里头能有三五个高干吗？（《编辑部的故事》）

在例（11）中，话语标记"我看"后续的陈述句表现为言者老陈对于事件处理的态度；例（12）中，话语标记"你说"则标引了言者小米对于听者意见的征询。

（2）话语提示标记

话语提示标记多用于提示话语焦点或引入新信息，并以此吸引听者的注意力。言者运用此类话语标记，可在对话语境中开启新的话轮、插入到正在进行的话轮之中或在现有话轮中转移话题焦点。该标记多位于句首，后续小句、指人名词或人称代词。其中，指人名词或人称代词用以明确话语对象。即：

$$
\text{话语提示标记} + \begin{cases} \text{S（新信息）} \quad \rightarrow \text{提示话语焦点／引入新信息} \\ \text{指人名词／人称代词（明确听者）}+\text{S（新信息）} \end{cases}
$$

例如：

（13）[小徐打断老陈和余德利的对话说]：<u>我说</u>那个老陈、小余啊，你们可别忙活，这中午饭我请您们大家。（《编辑部的故事》）

（14）[余德利正在打电话拉客户，牛大姐说]：老陈，你来得正好！咱们需要马上开个会了。<u>你看</u>，余德利快把咱编辑部当成增收办公室了！（《编辑部的故事》）

在例（13）中，小徐运用话语标记"我说"，将自己的意见插入到了老陈和余德利正在进行的谈话中去，为话轮引入了新信息；在例（14）中，牛大姐则运用话语标记"你看"提示了话语焦点，有效地将老陈的注意力引向了余德利。

（3）言者移情标记

言者移情标记用于标示言者对于当前话题的情感、态度、倾向等，表现言者对于评论对象正向或负向的移情。此类标记多后接人称代词、指人名词等以突显移情对象。即：

言者移情标记＋人称代词／指人名词（移情对象）＋S→标引言者移情

例如：

（15）戈玲：你<u>看</u>人家何睦天怎么做人，好好向人家学习学习！（《编辑部的故事》）

（16）郭燕：难道非要我跪在地上求你，求你宽恕我吗？

　　　　王起明：你<u>说</u>你都说些什么乱七八糟的啊？有意思吗，这么着？（《北京人在纽约》）

例（15）中的话语标记"你看"标引了戈玲对于何睦天的正向评价；而在例（16）中，话语标记"你说"则表现了王起明对于郭燕的责备，体现了言者的负向移情。

（4）话语引导标记

话语引导标记用于言者控制话语进程，对听者的注意力、思路等进行引导和定位。多出现在言者对于自己提出的观点和建议等进行解释说明或对听者加以劝导的语境中。包含此类标记的话轮往往较长，其中，言者完整的话语模式可拆分为三部分：观点提出→观点论证→后时提议，话语引导标记出现于"观点论证"部分。即：

$$S_1（观点提出）＋（观点论证）＋S_{n+1}（后时提议）$$

$$\Downarrow$$

话语引导标记＋S_2……Sn（列举论据／推导结论）

例如：

（17）余德利：<u>我看</u>还是啊，酿萝卜酒，诶，又好喝呢，诶，又能放着。

　　　　戈玲：那也不成啊！<u>你想</u>啊，那萝卜酒还不得成灾啊？不好喝，没人买；好喝了，嘁，大伙儿上瘾了！这不是助长酗酒成风的恶习吗？（《编辑部的故事》）

（18）牛大姐：俗话说"多年媳妇熬成婆"嘛，嗨，<u>你看</u>，就我们这些算是经验丰富的老同志了吧？可工作还常常出现偏差呢！年轻人，锻炼的时间长着哪！（《编辑部的故事》）

在例（17）中，戈玲首先明确了反对用萝卜酿酒的观点，继而对此进行了论证。可以看到，话语标记"你想"共引出了两点论据：第一，用萝卜酿酒数量过大，无法消化；第二，无论酒的口味如何都会导致恶性后果。

例（18）则出现在牛大姐反对年轻人当领导的语境中，在此，牛大姐现身说法，用话语标记"你看"引出了论据——"经验丰富的老同志在工作中尚且会出现偏差"，继而推导出了"年轻人更应进一步锻炼"的结论。

3. 小结

我们认为，由于各项"pron.+ 看 / 说 / 想"类话语标记在话语表达中的分工各有侧重，其所涉及的话语功能在数量、类型上也就必然会存在一些差异。在第三、第四节中，我们将集中就"我"类标记和"你"类标记所具有的话语功能进行归纳，以期发现第一、第二人称类话语标记在功能分布上的规律。同时我们看到，"pron.+ 看 / 说 / 想"类话语标记在承担各项话语功能时所体现出的主观性等级也有所不同，而这对于解释不同话语标记功能分布的规律至关重要。因此，我们在论述中将特别注重对于话语标记主观性特征的挖掘。

第三节 "我"类标记的话语功能

在本章搜集到的 820 例"pron.+看/说/想"类话语标记中，共出现"我看"、"我说"、"我想"充当话语标记的用法 309 例，占全部例句的 37.7%。"我"类标记的话语功能涉及话题认知和话语提示两大类，分别主要由"我看"和"我说"承担，它们在承担以上两项话语功能时体现出了较强的主观性。

1. "我"类标记的话题认知功能

通过语料检索，我们发现，"我看"、"我想"、"我说"均具有话题认知功能。其中，"我看"作为话题认知标记共出现 119 次，占全部用例的 14.5%；"我想"的话语标记功能仅限话题认知一项，共出现 32 次，占全部用例的 3.9%；而"我说"的话题认知用法最为有限，仅有 5 例，占全部用例的 0.6%[①]。

---

① 我们认为，"我说"的话题认知用法数量有限，这与其变体形式"依我说"、"要我说"、"照我说"对其标记用法的分流有关。

"我"类话题认知标记一般后续普通陈述句，用于标引言者对于当前话题的主观认知、推测或后时提议。即：

"我看 / 说 / 想"+ 陈述句（言者认知、推测 / 后时提议）

例如：

（19）老陈：为了使报道顺利进行，我看，必须采取诸如苦肉计、丢卒保车、扣发作者奖金，甚至于停职反省等一系列表面文章，这点还希望大家以大局为重。(《编辑部的故事》)

（20）老陈：跟他讲明利害关系，我想张名高这个人还是讲道理的。(《编辑部的故事》)

（21）李冬宝：这世俗和庸俗可是太不一样了，两回事儿，我说你这思路吧，不对！不对！(《编辑部的故事》)

可以看到，在例（19）中，"我看"引出的长段表述表现为老陈针对"使报道顺利进行"提出的后时建议；在例（20）中，"我想"标引了老陈对于张名高人品的判断；在例（21）中，"我说"则标引了李冬宝对于听者写作思路的否定。

观察以上例句我们认为，在对话语境中，言者运用"我"类话题认知标记对自己的评价、建议等加以标引，可极大地提升表达的委婉性，促使自身意见更易为听者接受，表现为一种言者主动采用的交际策略。"我"类话题认知标记由于标引了言者的主观态度，带有较强的主观性色彩。其中，话语标记"我看"、"我想"的委婉度高于"我说"，主观性色彩也就更强。

2. "我"类标记的话语提示功能

在"我"类话语标记中，仅"我说"一项具有话语提示功能，而这也表现为该标记最为典型的话语功能。通过检索语料，我们共发现"我说"的话语提示标记用法 153 例，占全部用例的 18.7%。

"我说"充当话语提示标记时位于句首，可后续具体的指人名词或人称代词以明确话语对象，也可直接附接小句提示新的话语信息，多出现在开启新话轮、插话或在现有话轮中转移话题焦点的对话语境中，用以突显话语焦点，吸引听者注意力。即：

$$\text{"我说"} + \begin{cases} \text{S（新信息）} \\ \\ \text{指人名词／人称代词（明确听者）+ S（新信息）} \end{cases}$$

例如：

（22）［两位来访者进入编辑部］

戈玲：诶，我说，你们找谁呀？

来访者：你们就是《人间指南》编辑部的吧？（《编辑部的故事》）

（23）［贾预言正在慷慨激昂地向李冬宝说明来意，夏预兆打断其陈述］：嘿嘿嘿！嘿嘿嘿！我说你这儿掺什么乱啊，我这儿有人命关天的要紧事儿，你知道么你！（《编辑部的故事》）

（24）李冬宝：都不是等闲之辈，你说老陈耽误了多少人才呀，这回咱编辑部成东周列国了！我说，那什么，晚上到我们家去，描描咱们的蓝图，啊！（《编辑部的故事》）

我们看到，例（22）至例（24）分别代表了话语标记"我说"的三种常见语境。在例（22）中，话语标记"我说"的功能在于吸引来访者的注意力，开启新的话轮；在例（23）中，夏预兆运用"我说"吸引听者注意，插入他人对话，进而争取了话语主动权；而在例（24）中，李冬宝首先对办公室局势进行了评论，继而运用"我说"提示了新信息，将话题焦点转移到了后时对策上。

可以看到，在对话语境中，由于言者从一张口就已经在讲话，"我说"从字面意义上看，似乎表现为一种冗余信息，违反了语用学合作原则中的适量准则①。我们认为，言者和听者的对话之所以可以顺利进行，"我说"作为话语标记所传递出的突显焦点、提示话题等主观信息起到了关键作用，正是言者的这些"言外之意"，体现了"我说"作为话语标记所具有的主观性特征。

第四节 "你"类标记的话语功能

在我们搜集到的 820 个"pron.＋看／说／想"类话语标记用例中，共出

---

① 适量准则要求说话者传递的信息要同时满足足量和不过量两项标准。

现"你（您）看"、"你（您）说"、"你（您）想"的话语标记用法 511 例，占全部语料的 62.3%。同"我"类标记不同的是，"你"类标记的话语功能较为丰富，对于本章归纳的全部四类话语功能均有涵盖，且在标引主观性的基础上，有部分标记发展出了较强的标引交互主观性的功能。

1. "你"类标记的话题认知功能

通过语料检索我们发现，话语标记"你（您）看"、"你（您）想"、"你（您）说"均具有话题认知功能。其中，"你（您）说"的话题认知标记用法最为丰富，共出现 240 次，占全部用例的 29.3%；"你（您）看"共出现 34 次，占全部用例的 4.1%；而"你（您）想"的话题认知用法最为有限，仅有 2 例，约占全部用例的 0.2%。我们认为，"你"类标记依照标引对象的不同，可进一步分为听者话题认知标记和言者话题认知标记，且两类标记在句法环境及主观性特征方面均表现出一定的差异。下面分别加以论述。

（1）"你"类标记的听者话题认知功能

"你（您）看"、"你（您）说"、"你（您）想"作为听者话题认知标记，可后续普通疑问句，标引言者对于听者观点、意见等的委婉征询。即：

"你（您）看/说/想"+普通疑问句（留待听者加以评价的事件）

例如：

（25）李冬宝：你看咱们这题目起什么好？得有点儿力度。（《编辑部的故事》）

（26）王起明：阿春，你说怎么办？我现在不知道怎么办。（《北京人在纽约》）

（27）[阿春拿出为宁宁挑选的礼物，问王起明]：你想她会喜欢吗？（《北京人在纽约》）

在以上三个例句中，话语标记"你看"、"你说"、"你想"均标引了留待听者加以回应的具体事件。可以看到，"你"类标记在充当此类功能时，仍在很大程度上保留了动词本身所具有的认知义特征。同时，由于标记的运用提升了言者征询的委婉性，听者话题认知标记具有较强的主观性特征。

（2）"你"类标记的言者话题认知功能

所谓"言者话题认知功能"，顾名思义，就是言者运用"你"类标记标引自身对于当前话题的认知、建议等。此类话语标记的突出功能在于"借你/您（听者）之口，言我（言者）之意"。可以看到，言者的思维轨迹经历了由"言者自身"转移到"听者自身"继而再回到"言者自身"的运动过程。言者希望通过对听者的这种观照，在最大程度上与其达成意志共同体。我们认为，由于呈现了言者和听者之间的互动关系，具有此项功能的"你"类标记具有典型的交互主观性特征。

通过语料分析我们发现，"你"类言者话题认知标记具有三种典型的句法环境，且交互主观性特征各有不同，下面逐一加以阐述。

第一，话语标记"你（您）看"、"你（您）说"可后续正反疑问句，以征询听者意见的形式委婉地提出言者自己的意见、建议等。即：

"你（您）看/说" ＋ 正反疑问句（言者建议）

例如：

（28）李冬宝：诶，你说这《艺海拾贝》这栏目能不能撤下一篇稿儿来啊？（《编辑部的故事》）

（29）牛大姐：哦，对了，老何同志，你看我们两家是不是要签一个协议书之类的东西啊？（《编辑部的故事》）

在例（28）中，李冬宝运用话语标记"你说"引出了对于刊物"撤稿"的提议；而在例（29）中，牛大姐则运用话语标记"你看"委婉地表达了同听者签订协议的希望。

第二，"你"类标记可后续反问句，通过"无疑而问"对言者自己意见加以标引。在此，言者希望通过反问强调某项显而易见的事实，激发听者的认同感，并最终与其达成共识。即：

"你（您）看/说/想" ＋ 反问句（言者认知）

例如：

（30）牛大姐：就拿我那大儿子来说吧，就非要到外国去留学不可，你看，还不是看上人家资产阶级生活方式啊？（《编辑部的故事》）

（31）姨妈：家乡的人不知道，以为我在这儿住着个大房子享清福，你说，吃得再好住得再好，身边没个亲人，这能叫作日子吗？（《北京人在纽约》）

（32）我那表哥只会死卖力气，连个囫囵话都说不全，<u>你想还能办成</u>啥事？见人家贩鸡，他也跟着跑，连十五六岁的小娃娃都赚了，就他赔得一塌糊涂。（语料库）

可以看到，在例（30）中，牛大姐借听者的视角，表明了自己的观点——出国留学就是崇洋媚外；在例（31）中，姨妈借听者之口，表达了自己对于幸福的理解；而在例（32）中，言者同样借听者之口，表达了自己对于表哥经商能力的否定。

第三，话语标记"你（您）说"还可直接附加陈述句、感叹句，言者运用此标记"借你/您（听者）之口，言我（言者）之意"。在此，"你说"可直接替换为言者认知标记"我看"。即：

　　　　"你（您）说" ＋ 陈述句/感叹句（言者认知）

试观察下列例句：

（33）警官：诶，这还真这样儿，<u>你说</u>我们这当警察的要跟那不很熟的人在饭馆儿里边吃饭，心里还真不踏实，我们是老琢磨着人家是不是憋着腐蚀我们呢！（《编辑部的故事》）

（34）戈玲：诶，<u>你说</u>，要是咱们真像蕾丝似的不用吃饭，在外边儿晒晒太阳，那得省多少钱哪！（《编辑部的故事》）

我们看到，在以上例句中，"你说"已经完全不表征言者对于听者意见的征询，而是用于陈述言者自身对于当前话题的认知，因此都可换为"我看"。

由上文的分析可以看到，由标引听者的话题认知到标引言者的话题认知，"你"类标记内部经历了由表征主观性到表征交互主观性的语法化过程。由"有疑而问"到"无疑而问"再到"观点陈述"，"你"类标记的主观性等级表现为一个逐渐增强的连续统。其中，以"你说"的主观化进程最为完整、清晰。试观察下列例（35）~例（37）：

（35）牛大姐：诶，戈玲啊，<u>你说六一那天我穿什么好啊</u>？布拉吉？（《编辑部的故事》）

（36）王起明：<u>你说这曼哈顿吧</u>，就这些楼房、高楼，哪个是好人盖的呀？（《北京人在纽约》）

（37）郭燕：我们还得给自个儿挣，这样才能很快把宁宁接来，<u>你说</u>这样老是把她放在邓卫家总不是个事儿。（《北京人在纽约》）

可以看到，"你说"在例（35）中标引牛大姐的"有疑而问"；在例（36）中标引王起明的"无疑而问"；而在例（37）中，"你说"标引的则完全是郭燕的主观陈述了。

2."你"类标记的话语提示功能

"你"类标记的话语提示功能仅由"你（您）看"承担，而这也是该标记最为典型的话语功能。通过语料检索，我们共发现"你（您）看"的此类用法153例，占全部用例的18.7%。

"你（您）看"充当话语提示标记时，多位于句首，后附小句以突显话语焦点、提示新信息，吸引听者的注意力。即：

"你（您）看" + 小句（新信息）

请看例句：

（38）[戈玲指着桔子的照片]

戈玲：冬宝，你给人家桔子拍得太寒酸了！<u>你看</u>，愁眉不展、蓬头垢面，就不能拍得漂亮点儿了？（《编辑部的故事》）

（39）老陈：诶，老牛，<u>你看</u>小余的工作热情蛮高的嘛！（《编辑部的故事》）

由以上例句可以看出，"你看"在充当话语提示标记时，仍保留了部分动作义特征。如在例（38）中，戈玲运用话语标记"你看"将李冬宝的注意力吸引到了桔子的照片上。在此，"你看"用于提示听者关注某一具体事物，具有较强的"观看"义。而在例（39）中，老陈运用该标记提示老牛观察、发现小余的工作热情。在此，"你看"则用于提示听者关注抽象的信息，保留了部分"观察"义。我们认为，由表征"观看"义到表征"观察"义，话语标记"你看"的主观性有所增强。

3."你"类标记的言者移情功能

我们认为，"你"类标记在充当言者移情标记时，话语功能表现为典型的"借你/您（听者）之口，言我（言者）之意"，即言者借听者之口，标引自己对于当前话题的情感、态度、认识倾向等，表现出了明显的交互主观性特征。通过语料检索，我们共发现"你（您）看"充当言者移情标记的用法 39 例，占全部用例的 4.8%；发现"你（您）说"的此类用法 9 例，占全部用例的 1.1%。

"你（您）看/说"作为言者移情标记，多后加人称代词、指人名词等，以突显移情对象，继而为后续小句表达言者对于评论对象正向或负向的评价提供帮助。即：

"你（您）看/说" + 人称代词/指人名词（移情对象）+ S（言者评价）

例如：

（40）牛大姐：你看人家年轻人说话不好听吧，可人家真把心用在怎么办好刊物上了，你呢？让我怎么说你呦！（《编辑部的故事》）

（41）赵母：好不容易熬到解放，这男女自由了，只准娶一个，这是咱们国家向着穷人定的政策啊，你说这孩子，他怎么就不知道珍惜呢？（《编辑部的故事》）

在例（40）中，"你看"标引了牛大姐对于年轻人工作态度的正向评价；在例（41）中，"你说"则表征了赵母对于自己孩子婚姻观的负向评价。

4. "你"类标记的话语引导功能

通过语料观察我们发现，"你（您）看"和"你（您）想"两项标记均具有话语引导功能。其中，"你看"作为话语引导标记共出现 16 例，占全部用例的 1.9%；"你想"共出现 18 例，占全部用例的 2.2%。

作为典型的话语引导标记，"你（您）看/想"的作用表现为，言者（我）在借听者（你/您）之口对自己的观点、建议进行阐释或对听者加以劝导的同时，也在对听者的注意力、思路等加以引导和定位，从而说服听者与自己达成意志共同体。可以看到，"你"类标记表现出的这种言者对于听者注意力的观照，提升了听者对于话题的参与度，而这正体现出交互主观性。因此我们认为，话语引导标记"你（您）看/想"具有典型的交互主观性特征。

由于"你（您）看/想"充当话语引导标记时标记意义相同，二者可实现相应语境下的自由替换。其语境可由第二节中提出的话语引导标记加以概括，即：

$$S_1（观点提出）+ \quad （观点论证）+ \quad S_{n+1}（后时提议）$$

$$\Downarrow$$

$$你（您）看 / 想 + S_2 \cdots\cdots S_n（列举论据 / 推导结论）$$

请观察下列例句：

（42）牛大姐：小余子，<u>你说</u>这法庭会判咱们侵权吗？

余德利：我看不至于。<u>你看</u>，戈玲和李冬宝啊，这些日子都拿法庭为家了。跟这审判员什么的，混得跟亲人似的，好几回说起这事儿来呀，大伙儿一块儿抱头痛哭。诶，连这个审判员的媳妇呀，都跟戈玲啊，成了好朋友了，放出话来了，只要他判咱侵权，到家不让进门儿！（《编辑部的故事》）

（43）[牛大姐正和大家讨论晚会的创意]

牛大姐：不会吓着孩子吧？

李冬宝：我小时候就爱看这个。<u>你想</u>啊，全场都是黑的，就那么一丁点儿亮，多好玩儿啊！什么小动作都看不见！（《编辑部的故事》）

在以上两例中，"你（您）看 / 想"出现在言者对自己的观点进行解释、论证的语境中。在例（42）中，余德利首先表明了自己的意见——"法院不会判我们侵权"，继而运用话语标记"你看"，引导听者牛大姐关注自己提出的三点论据：第一，戈玲和李冬宝最近与法院沟通频繁；第二，他们与审判员感情深厚；第三，审判员家属也对他们表示支持。在例（43）中，李冬宝则在表明对于晚会创意的支持态度后，运用话语标记"你想"引导听者牛大姐对晚会的场景进行想象。

5. "你"类标记话语功能的主观性等级

通过上文的分析我们看到，各项"你"类标记在主观性等级上存在着明显的内部差异：话语提示标记仅用于标引言者的主观性，主观性等级较低；话题认知标记除在标引听者认知时具有主观性外，还可在标引言者认知时，"借你 / 您（听者）之口，言我（言者）之意"，表现出交互主观性特征；而言者移情标记和话语引导标记均具有典型的交互主观性特征，其中又以后者所表现出的言者和听者的互动关系最为明显，因而交互主观性等级也就最高。即：

"你"类标记的主观性等级：

话语提示　　＜　　话题认知　　＜　　言者移情　　＜　　话语引导

（主观性）　（部分交互主观性）　（交互主观性）　（交互主观性）

下面，我们以涵盖全部四项话语功能的"你看"为例，对"你"类标记的内部主观性等级加以说明。请观察下列例句：

（44）姨妈：你看，这是卫生间，你一个人用的，你就住在这间房。（《北京人在纽约》）

（45）老陈：下午要检查卫生，咱们得派个人去把那个责任区打扫一下儿，你看你们俩谁去一个？我这手头有点儿事儿。（《编辑部的故事》）

（46）李冬宝：你看咱们是不是可以好好儿聊聊啊？等鸡叫头遍，你慷慨赴行，我们洒泪告别。（《编辑部的故事》）

（47）戈玲：赵永刚同志，你看你，又不对了吧，我说你怎么总想搞出点儿是非来呀！心理怎么这么黑暗啊！（《编辑部的故事》）

（48）李冬宝：我看首先端正的应该是您牛大姐的思想。

　　　　牛大姐：端正我的思想？

　　　　李冬宝：那当然了，您看您一向把这刊物办成阵地和桥头堡之类的防护体系，让大伙儿说说，您这种想法是不是把广大读者当成攻击和防护的对象了？（《编辑部的故事》）

我们看到，在例（44）中，"你看"作为话题提示标记，仍保留了较强的动作义特征；在例（45）中，"你看"提高了言者老陈征询意见时的委婉度，作为听者话题认知标记，具有较强的主观性；而例（46）中的"你看"作为言者认知标记，其话语功能则在于言者李冬宝借听者之口，委婉提出自己与听者彻夜长谈的建议，在此，该标记发展出了交互主观性特征；例（47）中的"你看"作为言者移情标记，借听者之口，突显了言者戈玲对于听者赵永刚的负向移情，具有典型的交互主观性特征；而在例（48）中，"您看"则作为话语引导标记，表现言者李冬宝论证自己观点时对听者思维过程所进行的引导，交互主观性特征最为明显。可以看到，从例（44）~例（48），"你看"在表征不同话语功能时主观性等级渐次增强。

第五节　话语标记系统性差异产生的原因和机制

1. 话语标记的系统性差异

我们在第三、第四节中，分别对"我"类标记和"你"类标记的各项话语功能进行了分析，两类标记的话语功能分布如表1所示：

表 1

	第一人称			第二人称		
	我看	我说	我想	你/您看	你/您说	你/您想
言者/听者话题认知	119（14.5%）	5（0.6%）	32（3.9%）	34（4.1%）	240（29.3%）	2（0.2%）
话语提示		153（18.7%）			153（18.7%）	
言者移情				39（4.8%）	9（1.1%）	
话语引导				16（1.9%）		18（2.2%）
总　计		309（37.7%）			511（62.3%）	

表1较为直观地展现出了汉语人称代词类话语标记的若干系统性特征：第一，"你"类标记的使用频率占全部标记的62.3%，大大高于"我"类标记；第二，"你"类标记的话语功能较之"我"类标记表现得更为丰富，"我"类标记不具有表征交互主观性特征的言者移情和话语引导功能；第三，话题认知、话语提示是人称代词类话语标记最基本的功能；第四，"你（您）看"是功能发展最为全面的话语标记。

由此可以看到，汉语"pron.+看/说/想"类结构充当话语标记时，存在着两类规律性的不对称现象：

第一，"pron.+看/说/想"类结构话语标记能力的不对称："他"类结构、"我"类结构、"你"类结构标记能力从无到有，渐次增强。

　　第二，"pron.＋看／说／想"类结构话语标记功能的不对称："你"类标记的话语功能更为丰富，具有"我"类标记不具备的言者移情、话语引导等标记特征。

　　下面分别就上述不对称现象产生的原因和生成机制阐述我们的基本认识。

2. 话语标记系统性差异产生的原因

　　话语标记表达的是说话人对话语关系以及言谈事件中受话人地位的主观态度，是语言表达主观性和交互主观性的主要形式，本质上是语言中的"主观性"和"交互主观性"标记。（吴福祥2004、2005）我们认为，汉语"pron.＋看／说／想"类结构所表现出的外在标记能力和标记功能上的不对称，根本原因在于各结构表现主观性的不对称。也就是说，"他（她）＋看／说／想"、"我＋看／说／想"、"你（您）＋看／说／想"标记能力上所呈现的由弱到强的连续统现象，本质上表现为三类结构主观性特征由弱到强的变化。

　　我们认为，第三人称不参与言者与听者的话轮也就不进入对话框架，因而无法表达言者的"自我"，因此，"他（她）＋看／说／想"仅限于陈述客观事件，不具有主观性，该结构也就不具备语法化为话语标记的潜能。第一人称在对话框架中自然充当言者的角色，便于表现言者对于当前话题的情感、认识和态度等主观感受，因此，"我＋看／说／想"类结构较易获得较强的主观性特征，进而语法化为话题认知、话语提示等表征言者主观性的话语标记；而第二人称在对话框架中自然充当听者角色，便于表现言者对于听者的关注，同时也为言者"借你之口，言我之意"创造了条件，因而"你（您）＋看／说／想"类结构也就更加便于获得更为隐含的交互主观性特征，语法化为言者话题认知、言者移情、话语引导等具有典型交互主观性特征的话语标记。通过统计，我们共发现具有交互主观性特征的"你"类标记229例，占全部"你"类标记的44.8%。这充分说明，表征言者的交互主观性已成为"你"类标记的重要功能，而这也恰好能解释"你"类标记与"我"类标记在使用频率上的不平衡现象，即由于不具备标记交互主观性的潜能，"我"类标记的适用范围在某种程度上受到了限制。

　　下面，我们举例对"pron.＋看／说／想"类结构的话语标记能力加以说明。

试观察例（49）：

（49）姨妈：<u>我说</u>，你也太傻了！到美国来的多少女人做梦都梦着好运气，可你怎么给扔了？（《北京人在纽约》）

我们对此例做如下改写：

——→a.<u>他说</u>你也太傻了！到美国来的多少女人做梦都梦着好运气，可你怎么给扔了？

——→b.<u>你说</u>你也太傻了！到美国来的多少女人做梦都梦着好运气，可你怎么给扔了？

我们看到，在例（49）及其改写式a、b中，不同人称代词构成的"pron.+说"结构话语标记能力是不对称的。这种不对称本质上表现为此类结构对于言者主观性激发能力的差异。其中，"他说"不具有主观性特征，如在a中，"他说"仅表征了姨妈对于他人意见的客观转述，不具备充当话语标记的能力；而在相同语境中，"我说"则可标引姨妈突显话题焦点、吸引听者注意等主观意愿，在例（49）中充当话语提示标记；而"你说"在b中，则借听者之口，表征姨妈对于听者的消极评价，具有交互主观性特征，充当言者移情标记。

3. 话语标记系统性差异产生的机制

观察本章的例句分布，我们发现两个值得关注的现象：第一，本章搜集到的820例"pron.+看/说/想"类话语标记用法均出现在对话语境中；第二，《北京人在纽约》共21集，故事情节由场景描写和人物对话共同推进，出现"pron.+看/说/想"类话语标记126例，每集平均6例；而《编辑部的故事》共25集，故事情节全部围绕6个主要人物的话轮转换展开，出现话语标记达694例，每集平均27.76例。由此可以看出，两部电视剧话语标记数量的悬殊与二者叙事模式上的差异有着密切的关系，对话框架对于"pron.+看/说/想"类结构标记功能的形成具有重要的影响。

我们在前文指出，"pron.+看/说/想"类结构标记用法的不对称，本质上表现为该类结构主观性等级的不对称。我们认为，造成该类结构主观性差异的深层机制可能是，不同人称代词对于对话框架中言者、听者互动关系的激活能力存在着不同："他（她）+看/说/想"不在对话框架之中，主要用于表达非现场者或远离现场者发生的事件，不表征主观性信息，因而也就不具有充当话语标记的功能；而第一、第二人称自然充当对话中的言者和听者角色，对于对话框架的激活能力较强。其中："我＋看／说／想"可进入对话框架，激活"言者"的主观性，因而较易获得标记言者主观性的相关话语功能；而"你＋看／说／想"可借你／您（听者）之口，言我（言者）之意，激活对话框架中言者和听者的互动关系，进而有条件语法化为表征言者交互主观性的话语标记。由此可见，"他（她）＋看／说／想"、"我＋看／说／想"、"你＋看／说／想"的主观性特征之所以呈现为由弱到强的连续统，其深层机制则可能在于三类结构对于对话框架激活能力存在的差异。下面举例说明：

（50）<u>他想</u>，过去的是已经过去了，但又怎能忘记呢？（语料库）

（51）郭燕：<u>我想</u>，我很快就可以赶上大家的速度。（《北京人在纽约》）

（52）余德利：你说的这个价儿啊，他回去向公司一汇报，总经理准以为他听错了。<u>你想</u>啊，哪有花这么点儿钱就能在中国十几亿人口面前露脸的好事儿啊？（《编辑部的故事》）

我们看到，在例（50）中，"他想"不能进入对话框架，仅可理解为非现场者对事件的真实思考，不具有主观性特征，在此不表现为话语标记；在例（51）中，"我想"标记了言者郭燕对于自己工作能力的委婉判断，由于激活了对话框架中"言者"的主观性，在此充当话题认知标记；而在例（52）中，"你想"则体现了余德利对于听者思路的观照，进而激活了对话框架中言者和听者的互动关系，在此充当话语引导标记。

4. 小结

本节我们对"pron.＋看／说／想"类结构话语标记用法的分布及其不对称现象进行了总结，继而分别探讨了形成此种不对称性的原因和机制。我们认为，"pron.＋看／说／想"类结构标记用法的不对称本质上表现为该类结构主观性等级的不对称，而主观性特征的差异则源于不同的人称代词对于对话框架的激活能力的差异。可以看到，随着第三、第一、第二人称对于对话框架激活强度的增强，"pron.＋看／说／想"类结构体现出的主观性等级也逐渐提高，从而语法化为用法更加丰富的话语标记。

综合上文的论述，"pron.+看 / 说 / 想"类结构的对话框架激活强度与主观性等级、话语标记功能之间的对应关系如表 2 所示：

表 2

	对话框架激活强度	主观性等级	话语标记功能
他（她）+ 看 / 说 / 想	不进入对话框架	无	无
我 + 看 / 说 / 想	激活言者	言者主观性	话题认知、话语提示
你（您）+ 看 / 说 / 想	激活言者和听者的互动关系	言者 / 听者交互主观性	话语标记的四项功能

第六节　本章结语

本章基于真实的对话语料，从人称代词的角度，系统考察了汉语"pron.+看 / 说 / 想"类结构充当话语标记的情形。我们发现，三类人称代词在标记能力和标记功能方面均存在着系统性差异，且这种差异的形成同相关结构的主观性特征及对话框架均存在着密切的关联。

我们认为，人称代词类话语标记的系统性差异具有重要的研究价值。其不对称性所体现出的主观性差异以及人称代词在对话框架中所具有的特殊话语功能的价值应得到进一步重视。在英语中，我们同样可以发现"I think"、"I say"、"You see"、"You know"等由第一、第二人称代词所构成的话语标记，与汉语相似，这些标记同样表现出对话框架中言者的主观性及交互主观性特征。由此可见，人类语言中人称代词类话语标记在语法化进程中很可能存在一些跨语言的共性，若能对此进行系统的挖掘，相信会发现重要的语言类型学价值。

第四章　汉语"人称代词＋NP"复指结构的话语功能*

—— 基于电视剧《亮剑》台词的分析

提　要　本章在对电视剧《亮剑》台词做定量考察的基础上，对汉语中"我李云龙"一类的"人称代词＋NP"复指结构及其所在的句子，从结构内部构成、NP的语义特征和句子谓语及情态特征等进行了多侧面的描写。我们认为，汉语"人称代词＋NP"复指结构具有"隐性述谓关系"，其"NP"的功能在于突显"人称代词"所指代对象在当下话语情境中说话人所认定的某种[＋属性]特征，从而造成结构表达的强主观性。而这种强主观性的突显，在相当程度上制约着句子[－事件]的特征，因此我们认为它是一种话语功能独特的短语结构，其主要的话语功能在于，突显代词所指对象在特定话语情境中所拥有的某种特定[＋属性]要素，从而规定言者对这一对象的主观评价或是预测该对象在话语情境中所要采取的特定行为。

关键词　人称代词　复指结构　主观性　隐性述谓关系　话语功能

第一节　引言

1. 研究对象

现代汉语中存在着一种"人称代词＋NP"结构，且其中的人称代词和

---

*　本章简写稿以同名论文发表于《当代修辞学》2010年第5期。

NP 在具体的话语情境中具有复指的性质，如"我李云龙"，"我"就是"李云龙"，而"李云龙"也就是"我"。本章将着重讨论这种结构在具体语境中的话语功能。

在现代汉语中，这种结构的"人称代词"和"NP"之间，在绝大多数情况下是紧密相连在一起使用的。当然偶尔也可以见到结构中间插入其他成分的用例。例如：

（1）[李云龙对赵刚]：咱独立团捞不着肉吃，就是<u>你他娘的这个政委</u>在上级面前太熊。（集3[①]）

（2）[李云龙对众战士]：<u>我今天李云龙</u>不是吹这个牛了，你们不服的就站出来试试。（集5）

（3）[李云龙对楚云飞（电话中）]：<u>我现在一个连长</u>能做什么主啊？（集22）

在这三个例子中，"人称代词"和"NP"之间分别插入了"他娘的"、"今天"和"现在"等成分。需要指出的是，这只是极少见的情况。我们认为，现代汉语"人称代词＋NP"结构已经是一种十分稳定的短语结构，值得我们加以深入地研究。

当然，在现代汉语中，由"人称代词＋NP"构成的结构形式，有一些并不表示复指。例如：

（4）[张万和对李云龙]：<u>你那老婆</u>还不知道在哪个丈母娘肚子里呢。（集3）

（5）[赵刚对李云龙]：我豁出去了，<u>我这个副主任</u>不当了。（集24）

例（4）中的"你那老婆"是典型的偏正结构；例（5）中的"我这个副主任"是由宾语前置造成的，其实是"<u>我不当这个副主任</u>了"的意思。这两种情形我们不做讨论。

另外，为了纯化研究对象，我们把一些相关的形式，如"兄弟我"、"团长他们"、"他们两个"等也排除在外。

2. 基本问题

从名词（代词）指称的角度看，"人称代词＋NP"结构是一种非常特殊

---

① 集3表示此例句出自该剧电视第3集，下同。

的结构形式，它引起我们兴趣的问题主要有三个：第一，从语言经济性的角度说，这种结构成分之间为什么要复指？复指的价值何在？第二，在这种复指结构中，"人称代词"和"NP"之间各自的句法功能是什么？彼此构成怎样的句法、语义关系？第三，作为一种稳定的短语结构，"人称代词+NP"结构的特殊话语功能是什么？这种话语功能与句子的谓语情态之间有着怎样的内在联系？本章将力求在充分观察、描写的基础上，着重对以上三个问题进行初步的研究。

3. 相关研究综述

就我们所考察的文献范围来看，专题研究"人称代词+NP"结构的文献并不多。而涉及此问题的研究基本上可以分为两类：一类是在探讨人称代词的功能时，涉及人称代词与名词的组合问题；另一类是在专门研究人称代词"人家"时涉及"人家+名词"结构的现象。

就探讨人称代词功能的研究来说，有一些文献涉及人称代词与各种名词组合的问题。比如，杨敬宇（1998）、汪卫权（2000）、王治敏等（2004）、郭圣林（2007）、罗云飞（2008）等。下面这些文献与本研究关系更为密切，我们略加介绍。

李锦望（1993）从加"的"和不加"的"的角度，专门考察分析单数、复数第一、二、三人称代词和指人名词的组合类别及其结构、语义关系。该文把这种组合的语义关系基本描述为同位、主谓和偏正三种关系。崔希亮（2000）系统讨论了汉语人称代词及其称谓功能。该文在第3部分较为系统地列举了"人称代词+名词（短语）"的七种同位关系、三种伪领属关系以及一种特殊的同位关系形式。其中所谈到的许多形式，也正是本章所要进一步研究的问题。王珏（2004:213~214）从有生代词（代替有生名词的代词）的角度，分析了三称代词与指人名词的组合形式，分析了这一组合所构成的偏正、同位和主谓关系。邹渊（2006）重点讨论了现代汉语人称代词和指人名词经常组合成称谓短语的情形，并主要从指人名词类别的不同，探讨组合形式和句法关系的不同及其语用差别，认为这种组合所形成的语义关系主要有偏正、同位和主谓关系。戴志军（2006）从语用和认知的角度，对现代汉语人称代词系统进行了研究。张爱玲（2006）专门讨论了"人称代词+专有名词"的结构特征及其表达效果，认为在此结构中，人称代词与专有名词的所指相同，人称代词具有区别功能，指代意义虚化，专有名词对人称代词起到强调、注释的作用，并认为这种组合格式能够达到某种特殊的表达效果。朱玲丽（2009）讨论了现代汉语人称代词直接加称谓词结构在句法、语义和语用三个层面上的种种特点。

人称代词"人家"因常常与"名词（短语）"组合使用而具有特殊的表达功能。一些研究"人家"的论文也因此涉及"人家＋名词（短语）"这类结构，从而与本论题相关。李锦望（1995）在讨论"自己、人家、大家"跟指人名词组合的情形时，指出其结构关系主要有同位、主谓和偏正三种关系。王冬梅（1997）讨论到"人家"可以放在专有名词前面，与这个专有名词一起构成同位短语。这时，"人家"复指这个专有名词，起指示作用。吴卸耀（2002）在讨论现代汉语中的自称方式时，讨论到"我＋这个人"、"我＋本人"、"我＋（这个＋职位／亲属称谓）"等，认为这种形式具有调节人际关系的功能。杜道流（2002）讨论"人家"的修辞作用时指出，"人家"用作第三人称时，通常表示景仰或羡慕的口气，这种表达作用在"人家"带同位语时最为明显，并认为这种同位结构所指对象往往具有超常的特征或品格，足以令说话人钦佩或羡慕。翟颖华（2004）在讨论"人家"的语用状况时，分析了它做复指成分，与后面的名词性成分共同构成同位语的情形，认为这种用法是说话人往往有意将两个或两类人对举，对二者进行比较，从而更加强调说话人的主观感受。赵明（2009）在讨论"人家"的交际功能时指出，"人家"做复指成分，与后面的名词性成分共同构成同位语。刘雪芹（2010）重点从指称意义的角度，对"人家"进行了系统考察，认为"人家"特指的情况多出现在同位短语当中。比如"人家闺女"、"人家小子"、"人家天地会"、"人家美国"等。

从上述文献的简要介绍我们可以看到以下几点：第一，对汉语"人称代词＋NP"结构已有的研究并不多，许多问题还有待深入讨论；第二，已有的许多研究并未系统地对口语语料加以分析，且基本上是在分析结构的句法、语义和语用问题，而讨论交际功能或修辞功能的成果相对有限，而这对"人称代词＋NP"结构的研究来说是个缺憾；第三，一般认为，人称代词和名词组合可以形成偏正、主谓和同位关系；第四，已有的研究指出，人称代词和名词所组合成的特殊短语，具有特殊的社会交际和语用表达功能。不过，这一点在已有的研究中往往只是一带而过，深入的阐述并不多见。有鉴于此，我们将着重从真实的口语语料出发，结合语境和人际关系等因素，系统考察具有复指关系的"人称代词＋NP"结构的话语功能。

4. 语料说明

我们认为，"人称代词＋NP"复指结构是一种主要用于口语的短语形式。在目前尚没有比较理想的、较为纯粹的口语语料可以直接利用的情况下，以电视剧台词为语料基础而进行面向口语的研究，不失为一种有效的办法。

考虑到电视剧《亮剑》在这一结构使用上的集中性和典型性，本章以电视剧《亮剑》台词作为语料基础。我们在完整观看全部36集剧情的基础上，对其中出现的"人称代词＋NP"复指结构进行人工看录，并在标明对话语境和人物关系的基础上进行文本转写，最后整理得到788条用例。本章所有的数据统计和例句分析工作便以此为基础展开。

第二节　"人称代词＋NP"结构的基本描写

1. "人称代词＋NP"结构的基本类型

根据"人称代词"和"NP"之间的搭配情况，本章统计得到"人称代词＋NP"结构的基本类型如表1所示：

表1

语　例	结构类型
我（俺）孔捷／他老丁／我班县长	人称代词＋专有名词
我（俺）们哥儿俩／他们夫妻俩	人称代词＋关系名词
咱当兵的／她模样差的	人称代词＋"的"字短语
咱们工农干部／他们鬼子汉奸	人称代词＋限定性短语
你这么个人／他这小子	人称代词＋"这"字短语
你们八路	人称代词＋专有名词

续表

语　例	结构类型
他一个副军长 / 你一新兵蛋子	人称代词 + 数量名短语
他们文人 / 我们帝国的每一个军人	人称代词 + 限定性短语
人家姑娘 / 人家资产阶级	人称代词 + 限定性短语
你小子	词汇化成分

2. "人称代词 + NP" 结构中人称类型的分布

我们从人称的角度，对所有结构类例进行分类统计并得到表 2：

表 2

第一人称	我（俺）+ NP	204	378 （48%）
	我们（俺们）+ NP	72	
	咱 + NP	58	
	咱们 + NP	44	
第二人称	你 + NP	258	319 （40%）
	你们 + NP	61	
第三人称	他 + NP	55	91 （12%）
	他们 + NP	10	
	人家 + NP	26	
总　　计			788 （100%）

　　由表 2 可以看到，由第三人称构成的 "人称代词 + NP" 结构，只占 12%，要远远低于由第一人称、第二人称构成的 "人称代词 + NP" 结构，它们分别是 48% 和 40%。

第三节 "人称代词 + NP"结构中 NP 的语义描写

1. NP 的类型及数量分布

我们认为,对"人称代词 + NP"结构关系的把握,最基本的是要对其中"NP"的语义类型进行深入而系统的刻画。根据语义,我们将把进入此结构的"NP"分为五个小类逐一加以描写。在此基础上力求寻找"NP"的语义特征。

(1)专有名词类的 NP

进入"人称代词 + NP"结构的"NP",最多的是专有名词,高达 513 词(语)次,占全部用例的 65%。这其中可以再细分为四个小类。详见表 3:

表 3

专有名词短语	词 例	用例数
人名	李云龙、楚云飞、孔捷、秀芹	215
关系及称呼词语	夫妻俩、金瞎子、孔大爷、老丁	142
职务词语	班县长、常教员、楚团长、蒋委员长	33
军政编制词语	独立团、八十九师、华野、警卫排	123

(2)"这"字短语类的 NP

另一个较多进入"人称代词 + NP"结构的"NP"是独具特色的"这"字短语,共有 93 例,占全部用例的 12%。我们所说的"这"字短语是指由指示代词"这"类词语为限定成分加名词短语而构成的 NP 形式。具体语例如:这帮混蛋、这个臭虫、这后勤部长、这么个有个性的丈夫、这些解放军将领、这样的女人、这做爸爸的……

(3)"的"字短语类的 NP

在我们所收集到的语料中,有 8 例是由"的"字短语构成的 NP 形式,虽然数量不多,但在语义上很有代表性。具体用例是:大当家的、当兵的、狗娘养的、狗日的、模样差的、做晚辈。其中,"狗日的"出现 3 次,其他各出现 1 次。

（4）限定性短语类的 NP

"人称代词＋NP"结构中的"NP"，有一类是由限定性的名词或名词短语构成的。它基本上由两部分构成，一部分是一般限定性短语成分，如"从晋西北带出来的老兵"、"工农干部"、"国民党军队"等，共有59例；另一部分是由 NP"小子"构成，由于其在实际语料中高频率地与"你"固定结合使用，高达89例，占全部用例的11%，因此我们把"你小子"看作词汇化成分单独处理。

（5）数量名短语类的 NP

除了上述四类以外，还有一类较为特殊的 NP 是由数量名短语（或数量限定性成分）构成，共26例。例如：八十万人、两个女的、一个大英雄、一个丫头片子、全团。

2. 对 NP 语义特征的分析与概括

在上述分类的基础上，我们来探讨进入"人称代词＋NP"结构中的 NP 所具有的语义特征。根据观察，我们可以把上述5类 NP 进一步概括为 [+ 特指]、[+ 指别] 和 [+ 量性] 三个语义类别。

首先，我们把专有名词类的 NP、"这"字短语类的 NP 和限定性短语类的 NP 概括为 [+ 特指] 的语义特征。就是说，进入"人称代词＋NP"结构中的专有名词类 NP，其语义在具体语境中指向 NP 所代表的那一个特定对象，进一步说，它激活的是特定对象所具有的特定属性。让我们来看具体的例子：

（6）[田墨轩对李云龙]：<u>我田墨轩</u>一生只屈服于真理，还没有惧怕过什么手枪。（集29）

（7）[楚云飞对李云龙]：老兄不会是拿<u>我老弟</u>在打哈哈吧？（集13）

（8）[秀芹对一妇女]：<u>人家李团长</u>能看上咱这乡下丫头？（集10）

（9）[楚云飞对部下]：你们七十四军跟<u>我八十九师</u>学着点儿！（集25）

例（6）中"田墨轩"用来强调"我"作为一个耿直的知识分子所具有的秉性；例（7）中"老弟"用来强调言者与听者之间的"兄弟"关系；例（8）中"李团长"用来强调在言者（一个乡下姑娘）眼中高不可攀的性质；

例（9）中"八十九师"是言者用来强调作为一支军队的特殊性。所有这些，都是以专有名词在话语中对特定言谈对象[+属性]特征的激活为基础的。

接下来看由"这"字短语构成的NP在"人称代词 + NP"结构中的情况。我们认为，"这"字短语由于指示代词"这"的存在，使得整个短语从指称的角度看就相当于一个专有名词。因而，其[+ 特指]的语义特征也是十分明确的。

（10）[李云龙对赵刚]：这小子一根筋，伺候不了你们这些文化人，跟我这个大老粗还差不多。（集5）

（11）[田雨对张白鹿]：我甚至觉得，像你这么优秀的女性能喜欢老李，我脸上都有光彩呢。（集35）

（12）[李云龙对王副军长]：我们这些没老婆的人怎么办？（集28）

例（10）中的"这个大老粗"、例（11）中的"这么优秀的女性"、例（12）中的"这些没老婆的人"，都是言者从一个特定的侧面对所谈及对象的刻画，强调的是特定的"这一个"或"这一类"，因此，从指称上讲，它与专有名词具有同样的[+ 特指]价值。

我们再来看由限定性短语构成的NP的情况。由于"你小子"已经高度词汇化，这里我们仅讨论由一般限定性短语所构成的NP的[+ 特指]问题。先看几个例句：

（13）[田雨对李云龙]：其实，对我们护理人员来说，伤病员就像是小孩，不光要护理好，还要哄好。（集27）

（14）[秀芹对李云龙]：俺山里妹子没文化，不懂那些弯弯绕，只会直来直去。（集12）

（15）[一护士对赵刚]：你们知识分子就是不一样，知书达理的。（集18）

例（13）中的"护理人员"、例（14）中的"山里妹子"、例（15）中的"知识分子"均由限定性成分加名词构成。这类短语中的限定性成分，从一个侧面揭示了被限定名词所具有的特定性质，整个短语因而具有[+ 特指]的意义。

其次，让我们来讨论"的"字短语的[+ 指别]问题。我们知道，从指称的角度说，"的"字短语的构成是以 [+指别] 为语义基础的，即是指"这一个"而不是指"那一个"。我们来看例句：

（16）[孙得胜对李云龙]：国家有难，我们当兵的不上谁上？（集3）

（17）[李云龙对丁伟、孔捷]：是啊！她模样差的，敢到咱们家提亲吗？（集10）

例（16）中"当兵的（军人）"是相对于"不当兵的（老百姓）"而言的；例（17）中"模样差的（丑的）"是相对于"模样好的（漂亮的）"而言的。

最后，我们来讨论由数量名短语（或量性限定成分）构成的NP所具有的 [+量性] 特征。我们所讨论的由数量名短语（或量性限定成分）所构成的NP，是一种具有[+量性]特征的形式，它与前面讨论的[+特指]和[+指别]有一些不同。例如：

（18）[李云龙对罗主任]：他一个副军长管得着一个护士吗？（集28）

（19）[李云龙对丁伟、孔捷]：咱们三个团往这儿一摆，比一个整编师还厉害。（集19）

（20）[孔捷对李云龙]：要是这样，咱全团打光了都值。（集2）

例（18）中的"一个副军长"和例（19）中的"三个团"是由数量名短语构成的NP，而例（20）中的"全团"是由量性限定成分"全"加名词"团"构成的。这三个NP，在具体语境中均表示NP所具有的某种 [+量性] 特征。例（18）强调"一个副军长"的地位之高，并与"一个护士"的地位之低形成对照；例（19）强调"三个团"的整体力量之大；例（20）强调"全团（战士）"的数量之多。在这种结构中，[+量性] 特征得到了充分的突显。

以上分析告诉我们，进入"人称代词＋NP"结构中的NP，其所具有的语义特征不外乎三种：[+特指]、[+指别]、[+量性]。我们认为，无论是[+特指]、[+指别]还是[+量性]，都可以进一步抽象为 [+属性] 特征。因此，我们可以做出如下概括："人称代词＋NP"结构中的NP，具有[+属性]特征，是言者对人称代词所关涉对象的某种特定身份属性的主观认定。

第四节 "人称代词 + NP"结构的主观性

在讨论了"人称代词 + NP"结构中 NP 所具有的 [+ 属性] 特征之后，我们接着来讨论"人称代词 + NP"结构的主观性特征。这一结构所具有的强主观性特征，是与 NP 所具有的 [+ 属性] 特征以及"人称代词 + NP"结构所在句子的谓语和情态特征密切相连的。下面，我们先从宏观和微观两个角度来讨论此结构的主观性问题。

1. 宏观考察

（1）《亮剑》的强主观性语篇特征

据观察，电视剧《亮剑》十分集中而典型地使用了"人称代词 + NP"结构，在 36 集（每集平均 35 分钟）的剧情中，共统计到 788 个"人称代词 + NP"结构，也就是平均每集出现 21.8 个，每分钟出现 0.62 个。这样高频率地使用"人称代词 + NP"结构，是该结构所具有的强主观性与该剧多方面的特征相互作用的结果。

电视剧《亮剑》以叙事的手法，讲述了以李云龙为代表的我军将士从抗日战争到解放战争再到建国后一段时期里，在战争与和平的大背景下不断成长的经历。整个故事跌宕起伏、战斗情境比比皆是，充满了矛盾和斗争。这一大的故事背景就为人物在各种冲突环境中突显各自的主观性提供了前提。

在这样的故事背景下，电视剧《亮剑》设计了各种人物之间大量的矛盾冲突：敌我之间（如八路军与日军）、我友之间（如八路军与晋绥军）、我军内部（如李云龙与孔捷、丁伟），等等。可以说，整个故事中的人物基本都处于各种激烈对抗的矛盾与冲突之中。例如：

（21）[山本一木对李云龙]：<u>我山本一木</u>怜香惜玉，替你把夫人带回来了。（集 17）

（22）[李云龙对山本一木]：<u>我李云龙</u>不会拿士兵的生命去换自己的老婆。（集 17）

（23）[李云龙对楚云飞]：照此说来，<u>你云飞兄</u>该不是不想还我石岗小队的那些枪支吧？（集 22）

（24）［李云龙对孔捷］：<u>你孔捷有火</u>，找旅长发去，你跟我瞪什么眼？（集3）

例（21）和例（22）是李云龙带领独立团攻打平安县城准备炮轰城楼而日军大佐山本一木以李云龙的妻子秀芹为人质进行顽抗时两人之间的对白；例（23）是李云龙为八路军石岗小队被缴枪支跟楚云飞进行的交涉；例（24）是李云龙与孔捷为争取打主攻而发生的争执。像这样不同人物之间的冲突，充满了整个剧情。

在激烈斗争的情境和纷繁复杂的人物矛盾冲突中，《亮剑》主要人物的性格特征也是造成强主观性表达的重要因素。李云龙、孔捷、丁伟、赵刚、楚云飞、山本一木、田雨、田墨轩、张白鹿等各方面的代表人物，大都是个性极为鲜明、情绪易于激动、敢于表达自我主张的人。他们的人物语言充满了张扬而夸张的个性。让我们来看几个人物的台词：

（25）［李云龙对众战士］：从今以后，<u>我李云龙</u>要让鬼子知道，碰到了我们独立团，就是碰到了一群野狼，一群嗷嗷叫的野狼。（集2）

（26）［孔捷对李云龙］：<u>今天我孔捷在这儿</u>，你哪儿都别想去。（集20）

（27）［丁伟对孔捷］：我可告诉你，你要是敢去政治部告老李的刁状，<u>我丁伟从此就没有你这老战友</u>。（集34）

（28）［赵刚对李云龙］：你混蛋！这么个几千人的大团，你撒手丢给<u>我赵刚</u>，你成心笑话我不懂军事是不是？（集21）

（29）［楚云飞对下属］：要是犹豫，也是他邱清泉犹豫，<u>我楚云飞</u>该出手时从不含糊。（集24）

（30）［山本一木对日军士兵］：在你们的手上，<u>我们第一军</u>历史将重写。（集6）

（31）［田雨对李云龙］：<u>你这个无产阶级</u>为什么不娶个粗手大脚的农村姑娘？（集29）

（32）［田墨轩对李云龙］：<u>我田墨轩</u>虽通时事，但也绝不是趋炎附势之人。（集29）

例（25）~例（32）显示出各主要人物的性格特点，也充分表现出强主观性的倾向。

综合以上三个方面，我们认为，《亮剑》在剧情背景、人物矛盾和人物性格等方面，都体现出与强主观性表达相契合的语篇特征。这种语篇特征为"人称代词＋NP"结构的高频出现提供了重要的基础。

（2）从人物地位关系看"人称代词＋NP"结构的主观性

我们认为，"人称代词＋NP"结构所具有的主观性，也体现在对话人物之间的地位关系上。根据剧情，我们把"人称代词＋NP"结构所在语境中的对话人物（言者—听者）之间的地位关系分成"平—平"、"上—下"和"下—上"三种，并观察它们与人称代词使用的情况。结果得到表4：

表4

	平—平	上—下	下—上	合　计
我／俺（们）＋NP	168	58	50	276
咱（们）＋NP	84	13	5	102
你（们）＋NP	209	87	23	319
他（们）＋NP	26	26	13	65
人家＋NP	19	5	2	26
总　计	506（64%）	189（24%）	93（12%）	788（100%）

从表2和表4，我们可以看到以下三点：

第一，对话者之间的地位不同，"人称代词＋NP"结构的使用频率差距甚大：平—平（64%）＞上—下（24%）＞下—上（12%）。这个数据可以这样解读：地位平等的人物之间，谁都有权力并且能够通过语言形式的手段来强烈地表达自己的主观意愿，因此对"人称代词＋NP"结构的使用是大量的，而且以第一人称的使用为多。而地位较高者在地位较低者面前，一般情况下不需要特别表达自己的主观意愿，而以对听者（第二人称）特征的强调为多；而地位较低者在地位较高者面前，一般很少表达自己的主观意愿，因此这种结构使用较少。而非要使用这种结构进行表达时，也多是用来表达自己（第一人称）的决心。

表5的数据也能支持我们对三种人物关系中三个人称使用情况的分析。

表5

	总数	第一人称		第二人称		第三人称	
平—平	506	252	50%	209	41%	45	9%
上—下	189	71	38%	87	46%	31	16%
下—上	93	55	59%	23	25%	15	16%

让我们来看几个具体的例句：

（33）[李云龙对孔捷]：别！别！别！我李云龙无能，来独立团抢了你孔大爷的饭碗。你孔捷还和我见外？（集2）

（34）[丁伟对段鹏]：好哇，你小子胆儿不小，敢和我动手？（集33）

（35）[张大彪对李云龙]：我张大彪别的不敢保证，突击队这几十号人没有人会活着退出战斗！（集4）

例（33）是平级战友之间的对话，连续使用3个"人称代词＋NP"结构，是为了突显对话双方各自的[＋属性]特征；例（34）是上级训斥下级的典型用例；例（35）是下级在上级面前表示决心的典型用例。

这其中最需要进一步说明的是"下—上"关系中"人称代词＋NP"结构的使用情形。通过观察我们发现，这种话语情境下，地位较低的言者对地位较高的听者使用"人称代词＋NP"结构，主要是为了表达自我的意志、决心，有的故意带有调侃的意味。请看例句：

（36）[丁伟对院长]院长，我丁伟打仗没服过输，做论文也一样，一定要拿出一篇响当当的论文。（集36）

（37）[孙得胜对李云龙]我孙得胜不是知恩不报的人。我孙得胜没什么大本事，这辈子也不想升官发财。（集3）

（38）[孔捷对主任]要不这样，我那套衣服让丁伟同志一起捎回家。也算咱们做晚辈的尽一份孝心吧。（集36）

例（36）是丁伟在军事科学院院长面前表决心；例（37）是骑兵连长孙得胜在团长李云龙面前表示不怕牺牲的决心；例（38）是孔捷因对军事科学院一主任的安排不满而表面上表示愿意，实际上是在发牢骚。需要说明的是，此时孔捷真正的地位并不在这个主任之下。

第二，数据统计也告诉我们，"人称代词＋NP"结构中，三个人称的使用也存在明显差异：第一人称＞第二人称＞第三人称（具体数据见表2）。

第三，三个人称的单复数在使用的数量上也存在较大的差距，详见表6：

表6

	单数	复数
第一人称	262	116
第二人称	258	61
第三人称	81	10
总　计	601	187

我们认为，这种"单数＞复数"的现象，也显示出"人称代词＋NP"结构强烈的主观倾向性，因为单数人称比复数人称所表达的主观性要更为强烈。限于篇幅，这里不再展开论述。

（3）从"人称代词＋NP"结构的句法功能看其主观性

我们认为，一个短语的语义特征与其句法功能之间存在着密切的联系。而"人称代词＋NP"结构，因其具有强烈的主观性而在其充当句法成分时具有明显的分布倾向。下面，我们通过考察"人称代词＋NP"结构的句法功能来看其所表达的主观性倾向。表7是其句法功能分类统计的结果：

表7

	主语	兼语	主语之定语	介词宾语	宾语	宾语之定语
平—平	369	11	14	32	59	20
上—下	135	5	3	16	18	13
下—上	69	6	1	5	6	6
合　计	573（72.7%）	22	18	53	83	39
		93（11.8%）			122（15.5%）	

从表7可以看到两点：

第一，"人称代词 + NP"结构的基本句法功能是直接充当句子的主语，占 72.7%，充当兼语、主语之定语和介词宾语（通常做状语）的占 11.8%，而充当宾语或宾语之定语的占 15.5%。换句话说，"人称代词 + NP"结构充当句子核心谓语前的成分占 85%，充当谓语后的成分占 15%。

第二，根据张黎（2003）的观点，我们把句子核心谓语前的成分看作 [+ 有意] 成分，把句子核心谓语后的成分看作 [+ 无意] 成分，显然，"人称代词 + NP"结构整体上处于 [+ 有意] 成分的位置，[+ 有意] 成分往往是主观性强的成分。这种核心谓语前的强主观性成分，对核心谓语的类型具有重要的影响。

下面我们来看一下这一结构充当句法成分的具体例句：

（39）[李云龙对田雨]：就是野司的司令员来了，*我李云龙*也敢和他理论，这是共产党的军队。（集 27）（做主语）

（40）[李云龙自语]：可惜呀，不让*我老李*发财啊。（集 6）（做兼语）

（41）[李云龙对着秀芹墓自语]：我咋觉得，你躺在这儿，*我李云龙*的半条条命也埋在这儿了。（集 17）（做主语之定语）

（42）[孔捷对李云龙]：全团从*我孔捷*以下，全是戴罪立功，不挑场硬仗打，你翻得过身来吗？（集 3）（做介词宾语）

（43）[李云龙对赵刚]：既然楚云飞只认*我这个李团长*，那我得会会他，不然不够意思。（集 21）（做宾语）

（44）[李云龙对孔捷]：你敢！没有*我李云龙*的命令，我看你们谁敢动一个手指头。（集 4）（做宾语之定语）

2. 微观考察

（1）从 NP 的功能看其主观性

我们已在第三节把"人称代词 + NP"结构中的 NP 抽象概括为 [+ 属性] 的语义特征。我们认为，"人称代词 + NP"结构中的 NP，是用来突显言者对人称代词所指对象在当下话语情境中所具有的某种 [+ 属性] 特征的认识。而这种 [+ 属性] 特征的突显，本质上也是主观性增强的一种句法手段。因此可以说，"人称代词 + NP"结构相对于单独的人称代词或是名词（短语）来说，是一种具有更强主观性的结构。让我们来分析几个例句：

（45）[李云龙对田雨]：<u>我老李</u>可是圣人面前背三字经啦！（集27）

（46）[李云龙对赵刚、孔捷]：<u>你孔二愣子</u>一眨眼成了政委了？人家老赵好歹是个知识分子。（集4）

（47）[李云龙对张大彪]：<u>他楚云飞</u>能把自己的一个团集结起来就不错了。（集19）

例（45）中"我老李"突显的是李云龙作为"大老粗"的属性；例（46）中"你孔二愣子"突显的是孔捷作为"独立团副团长"的身份；例（47）中"他楚云飞"突显的是楚云飞作为"晋绥军三五八团团长"的身份。显然，如果把这些"人称代词＋NP"结构中的NP都删去而只保留人称代词的话，句子的指称对象虽然明确，但指称对象"我"、"你"、"他"在当下话语情境中的[＋属性]特征却没能得到必要的彰显和强化，话语的主观性因而也将大为减弱。

（2）"人称代词＋NP"结构中的移情现象

众所周知，移情是语言主观性的重要表现之一。而在我们所考察的"人称代词＋NP"结构中，存在着许多移情现象，这可以从另一个侧面表现"人称代词＋NP"结构的主观性特征。据统计，由人称代词"人家"、"咱（们）"所构成的"人称代词＋NP"结构多达128个，它们是典型的移情成分；再加上3个由"我们"和"你"构成的具有移情功能的"人称代词＋NP"结构，那么"人称代词＋NP"结构中具有移情现象的用例就达到131例，占例句总数的16.6%。让我们分析几个例句：

（48）[赵刚对李云龙]：<u>人家姑娘</u>对你是一片真心。（集14）

（49）[李云龙对赵刚]：<u>咱老赵</u>还没结婚呢。（集18）

（50）[田雨护理李云龙]：<u>我们首长</u>脸上有贯通伤，还不能说话呢。（集27）

（51）[李云龙对楚云飞]：<u>你堂堂大丈夫</u>，带一支母枪，这事传出去，让人家笑话。（集5）

例（48）"人家姑娘"中的"人家"，表达言者对所谈论对象或同情或称羡的情感态度；例（49）"咱老赵"是言者李云龙站在听者（老赵）的立场所说的话。我们认为，汉语中"人家＋NP"结构和"咱（们）＋NP"结构都是典型的移情表达方式。例（50）"我们首长"是护士田雨在护理受重伤的李云龙时借伤者（李云龙）的口吻而说的话，饱含着对李云龙的深情；而例（51）"你堂堂大丈夫"是李云龙借别人的口吻而自我嘲讽。这两个短语也都显示出明显的移情倾向。我们认为，这些移情句子的存在，大大增强了"人称代词＋NP"结构的主观性。

（3）词汇化成分"你小子"的主观性

在"人称代词＋NP"结构中，有一个比较特殊的形式是"你小子"。由于它的使用频率相当高，我们认为已经成为一种词汇化成分。据统计，在电视剧《亮剑》中，"你小子"共出现89次。毫无疑问，"你小子"是一个用来表达强主观性的形式，它只用于"上—下"和"平—平"的对话关系中，不用于"下—上"的对话关系中。例如：

（52）[孔捷对一战士]：你个小兔崽子，<u>你小子</u>打鬼子是为了我孔捷打的呀？（集2）

（53）[李云龙对孔捷]：<u>你小子</u>说什么呢？我告诉你孔捷，你朝我瞪眼，<u>你小子</u>还不够格。（集4）

例（52）是团长孔捷教育一个战士时说的话，而例（53）是团长李云龙跟副团长孔捷争吵时说的话，且连用两个"你小子"。这些句子中"你小子"的使用，既体现了言者对听者居高临下的态度，也表现出言者与听者之间所具有的某种特殊的人物关系。

（4）从零谓句看"人称代词＋NP"结构的主观性

我们发现，"人称代词＋NP"结构还有一个比较特殊的用法，就是该结构独立成句，并无一般意义上的其他谓语形式。我们把它叫作"零谓句"，共有28例。我们认为，这种形式没有谓语而能独立成句，是因为该结构本身就包含了言者非常强烈的主观认识和主观感情，因而也是强主观性的表现手段。例如：

（54）[李云龙对赵刚]：痛快点儿行不行，不成就拉倒。<u>你们这些知识分子呀</u>！（集31）

（55）[田雨对李云龙]：你说为什么不写信？<u>你这个没良心的家伙</u>！（集30）

例（54）是李云龙催促赵刚与冯楠恋爱时说的话，一个"你们这些知识分子"就把他作为一个"泥腿子"出身的军人对知识分子的认识表达得淋漓尽致；例（55）是田雨对李云龙在军校不给自己写信而发出的责问，一个"你这个没良心的家伙"把她对李云龙那份思念和怨气全部表达出来。这种"零谓句"的存在，也增强了"人称代词＋NP"结构所表达的主观性倾向。

3."人称代词＋NP"结构主观性的概括

通过上文的讨论我们认识到，"人称代词＋NP"结构是一个与强主观性的语篇特征和表达功能相契合的短语结构。该结构在对话的人物地位关系、人称代词的使用倾向以及充当句法功能等多方面，均表现出强烈的主观性倾向。同时，该结构中由于NP对[+属性]特征的激活以及移情成分的出现、"你小子"的词汇化、零谓句的存在等而使得这一结构对主观性的表达非常强烈和清晰。我们认为，无论是从宏观层面看还是从微观层面看，"人称代词＋NP"结构都是一个表达强主观性的短语结构，这对它所在句子的谓语及其情态的影响也是十分明显的。

第五节 "人称代词＋NP"结构所在句子的特征

下面，我们将着重从句子谓语和句子情态的角度来观察"人称代词＋NP"结构所在句子的特征。我们认为，既然"人称代词＋NP"结构是一个强主观性的结构，尤其当它充当句子主语时，对谓语的类型及句子情态必定会产生重要影响。基于这样的认识，我们将观察句子的谓语和句子情态的类型及其分布，并在此基础上对此类句子的特征加以概括。

1.句子谓语类型和情态特征的分布

我们对"人称代词＋NP"结构所在句子核心谓语动词和句子的情态特征进行分类考察，统计得到表8：

表 8

属性评价句	形谓句	159	444（56.4%）
	"是"字句（"是……的"句）	120	
	情态动词句	87	
	零谓句	28	
	主谓谓语句	20	
	可能补语句	24	
	"得"字补语句	6	
静态关系句	心理／认知动词句	62	153（19.4%）
	"有"字句	50	
	关系动词句	41	
非现实句	反问句和疑问句	34	119（15.1%）
	假设句和条件句	30	
	祈使句	23	
	否定句	16	
	使令动词句	16	
一般动词句	一般动词句	72	72（9.1%）

从表 8 我们看到以下三点：

第一，以形容词谓语句为代表的属性评价类句子占 56.3%。其中仅形容词谓语句、"是"字判断句和情态动词句三类就多达 366 句，占全部用例的 46%。

第二，属性评价句、静态关系句和非现实句，均可以纳入非事件句的范畴，三者相加占全部用例的 91%。

第三，无法归入以上三类的一般动词句（可以看作事件句），仅占 9%。这对"人称代词＋NP"结构来说，显然是非典型的用法。

2. 句子谓语和情态类型的描写

为了对"人称代词 + NP"结构所在句子的谓语类型和情态特征有更加直观的了解，我们依次对各类句子分别加以举例说明：

（56）[冯楠对田雨]：她张白鹿固然聪明，可你田雨是谁呀？（集34）（形谓句）

（57）[李云龙对楚云飞]：这个世上是谁最关心我、惦记我？是你楚兄啊！（集21）（"是"字句）

（58）[孔捷对谢宝庆]：不过，物资你们得还给人家三五八团。（集18）（情态动词句）

（59）[陈晓春告田雨的状]：她一个丫头片子，就没有这样的。（集28）（零谓句）

（60）[魏大勇对段鹏]：你小子功夫不错，跟俺过招，五十招之内你不会走下风。（集20）（主谓谓语句）

（61）[李云龙对赵刚]：再说了，不是我老李瞧不起你，你们文人根本干不了这种玩命的活。（集4）（可能补语句）

（62）[李云龙对孔捷]：你老孔朝鲜打得不错，反倒冲劲儿小了。（集32）（"得"字补语句）

（63）[李云龙对下属]：咱们弄不到，他楚云飞也别想要。（集23）（心理动词句）

（64）[李云龙对下属]：告诉他们，我们到县城去喝酒吃肉，有我李云龙吃的，就有他们吃的。（集15）（"有"字句）

（65）[钱伯钧对楚云飞]：像这样的政府也不值得我们兄弟替他卖命。（集11）（关系动词句）

（66）[李云龙对赵刚]：我李云龙给谁倒过酒？（集5）（反问句）

（67）[谢宝庆对孔捷]：只要你们八路诚心待咱，咱就和你们八路一块儿干。（集20）（条件句）

（68）[赵刚对冯楠、田雨]：你们娘儿们别插手了。（集35）（祈使句）

（69）[楚云飞对下属]：况且白长官动用的是最精锐的第七军，连人家一个师都没有吃掉。（集26）（否定句）

（70）[罗主任对众人]：系里来通知了，让你们三个人到院长那儿去一趟。（集36）（使令动词句）

（71）[李云龙对赵刚]：你住院一趟，我李云龙丢了三样东西。（集21）（一般动词句）

3. 对句子类型的概括

通过对句子的谓语类型和情态特征的考察，我们实际上可以把"人称代词＋NP"结构所在句子具有的特征做如下概括：

[＋属性评价]：形谓句、"是"字句（"是……的"句）、主谓谓语句、"得"字补语句、可能补语句、情态动词句，都是较为典型的[＋属性评价]句，它们重在对主语（话题）的[＋属性]特性进行评价或判断。这一点与前文讨论的 NP 具有[＋属性]特征是相契合的。

[＋静态关系]：心理／认知动词句、"有"字句、关系动词句，这几类句子重在表达一种认知、存在或是相互间的关系。此类句子可以看作是对某种静态关系的展现。

[－现实]：反问句和疑问句、假设句和条件句、祈使句、否定句、使令动词句，这几类句子显然表达的都是一种非现实性的情态。

综合以上三点，我们认为，"人称代词＋NP"结构所在的句子，整体上呈现出[－事件]特征。这个特征与"人称代词＋NP"结构的强主观性特征也是相吻合的。因为[＋事件]是基于对客观发生的现实事件的描述，其言者的主观性要减弱很多，而具有[－事件]特征的句子则应与之相反。

第六节　对"人称代词＋NP"结构的几点探讨

在第二节至第五节初步观察、描写的基础上，我们再来讨论三个理论问题："人称代词＋NP"结构的句法语义关系、话语功能和制约作用以及这一结构的类型学价值。

1."人称代词＋NP"结构的句法语义关系

我们认为，指称不仅仅是对特定语境中的言谈对象的关联与关涉，更是言者对这一言谈对象的主观认定。同一言谈对象的不同指称方式，显示着言者对该对象不同性质的主观认定。而"人称代词＋NP"结构本身就显示出不同于单一的"人称代词"或单一的"NP"指称形式所具有的功能价值。

（1）"人称代词＋NP"结构中 NP 的功能

综合前文对 NP 的语义描写，我们认为，NP 因其 [+ 属性] 特征而具有在当下语境中激活指称对象（人称代词）所具有的某种特定身份的价值。在这一结构中，人称代词和名词担当着不同的功能。我们认为，在这一结构中，人称代词表指称，NP 表陈述。

（8）[秀芹对一妇女]：人家李团长能看上咱这乡下丫头？（集 10）

这是典型的突显两个人特定身份（团长—乡下丫头）的句子。同时我们也看到，同一个 NP 在不同的话语情境下，它所激活的 [+ 属性] 特征的侧面也是不同的。例如：

（22）[李云龙对山本一木]：我李云龙不会拿士兵的生命去换自己的老婆。（集 17）

（25）[李云龙对众战士]：从今以后，我李云龙要让鬼子知道，碰到了我们独立团，就是碰到了一群野狼，一群嗷嗷叫的野狼。（集 2）

（33）[李云龙对孔捷] 别！别！别！我李云龙无能，来独立团抢了你孔大爷的饭碗。你孔捷还和我见外？（集 2）

（41）[李云龙对着秀芹墓自语] 我咋觉得，你躺在这儿，我李云龙的半多条命也埋在这儿了。（集 17）

这些例句中的"我李云龙"，因语境和人物关系的不同，所突显的"李云龙"的身份侧面也就不同：例（22）突显他作为士兵上级的身份，例（25）突显他作为八路军团长（领导者）的身份，例（33）突显他作为孔捷老战友的身份，例（41）突显他作为秀芹丈夫的身份。这些不同的身份背后，体现着特定语境下这一结构突显 NP 所指对象的不同 [+ 属性]。

（2）"人称代词＋NP"结构的隐性述谓关系

我们基本同意前人相关研究中把这一短语结构纳入同位结构关系的框架来描写的想法，但是我们也必须认识到，它与一般的同位关系短语是有差异的。比如"首都北京"可以自由换位成为"北京首都"，这是典型的同位关系；而"我李云龙"、"他们独立团"却不能自由变换为"？李云龙我"、"？独立团他们"。我们主张对"人称代词＋NP"结构，应在同位关系的框架下，对其句法语义关系做更为细致的刻画。

我们认为，"人称代词＋NP"结构是一种隐性述谓关系（主谓关系），其语义表达式可写作："人称代词"（作为）"NP"。请看下列例句及其相应的表达式：

（11）[田雨对张白鹿]：我甚至觉得，<u>像你这么优秀的女性能喜欢老李</u>，我脸上都有光彩呢。（集35）

➜ <u>你</u>（作为）这么优秀的女性能喜欢老李，我脸上都有光彩呢。

（16）[孙得胜对李云龙]：国家有难，<u>我们当兵的</u>不上谁上？（集3）

➜ <u>我们</u>（作为）当兵的（军人）不上谁上？

（18）[李云龙对罗主任]：<u>他一个副军长</u>管得着一个护士吗？（集28）

➜ <u>他</u>（作为）一个副军长管得着一个护士吗？

我们发现，"人称代词＋NP"结构所具有的这种隐性述谓关系，可能也经历了一个逐渐语法化的过程。从《亮剑》中我们所看到的"新兵蛋子"在不同句子中的作用，也许能在一定程度上说明这一点：

（72）[李云龙对丁伟]：和我比，<u>他孔捷就是个新兵蛋子</u>。（集19）

（73）[田雨对陈小春]：<u>我新兵蛋子</u>？你睁开眼睛看看，我可是老兵了。（集27）

（74）[魏大勇对段鹏]：<u>你一新兵蛋子</u>咋这么多怪话呢？（集13）

（75）[魏大勇对一战士]：营长是你叫的吗？<u>你这个新兵蛋子</u>！（集21）

我们从这4个例子中，可以清楚地感到"新兵蛋子"向"人称代词"逐步靠拢且语法化为一个短语结构的过程。这一过程也展示了"隐性述谓关系"逐步形成的过程。

2."人称代词＋NP"结构的话语功能和制约作用

从第四节和第五节的讨论我们看到，"人称代词＋NP"结构及其所在句子具有两个特征："人称代词＋NP"结构具有强主观性，其所在句子的谓语和句子情态具有[−事件]特征。这两个特征也是彼此制约、相互适切的。

（1）"人称代词＋NP"结构的话语功能

我们认为，"人称代词＋NP"结构的话语功能在于：对言者来说，要指称一个具有特定[＋属性]内涵的言谈对象，进而启动言谈的话题。

（13）[田雨对李云龙]：其实，对<u>我们护理人员</u>来说，伤病员就像是小孩，不光要护理好，还要哄好。（集27）

（76）[李云龙对秀芹]：<u>我这个人哪也有很多缺点，也需要改造。</u>（集4）

这两个句子都是典型的话题句，它们在一定程度上体现出此类结构的典型话语功能。通过对 NP 的选择来使代词所指对象拥有的诸多身份在特定话语情境中的某种特定 [+ 属性] 得到突显，从而对这一对象加以评价或是预测这一对象在话语情境中将采取的特定行为。需要说明的是，人称代词后的人名往往代表了言者所认为的、对这个人主要特征的已有公认评价，这也是一种身份属性。例如"就是野司的司令员来了，我李云龙也敢和他理论"中，"李云龙"就含有"李云龙是一个讲原则、不媚上的人"的自我评价，并且言者认为这种评价是大家所认同的，只要一提"李云龙"大家都会联想到这种品格特征。

（2）"人称代词 + NP"结构对句子类型的制约

我们认为，此类句子谓语及其情态因具有 [+ 属性评价]、[+ 静态关系]、[- 现实] 而总体具有 [- 事件] 特征。这一特征是受"人称代词 + NP"结构所具有的话语功能的制约和影响的。换句话说，"人称代词 + NP"结构的强主观性、强话题性，要求句子谓语及其情态具有 [- 事件] 的静态评价性。这两者是相互谐调的。

过去，我们对句子类型和句子情态的研究，多以谓语（动词）为中心。这一研究视角我们认为是有局限性的。通过对"人称代词 + NP"结构的研究，我们认识到，句子主语的类型及其话语功能，对句子谓语动词以及句子的情态类型都具有一定的制约作用，不同的短语类型也具有不同的话语功能。我们应当加强对主语（特别是一些特殊的主语形式）的类型和功能的研究。

3."人称代词 + NP"结构的类型学价值

通过对"人称代词 + NP"结构多方面的讨论，我们可以说，该结构在现代汉语口语系统中是一个具有独特话语功能的短语结构。它的存在，引发我们对语言类型问题的两点思考。

（1）"人称代词 + NP"结构的复杂性及其跨语言或跨方言现象

本章所讨论的"人称代词 + NP"结构，在现代汉语口语系统中，只是众多与人称代词相关的现象之一。引起我们思考的是：一方面，我们要讨论的相关结构还有哪些？它们彼此之间有着怎样的联系与功能差异？比如说，"孙老汉我"和"我孙老汉"、"兄弟我"和"我兄弟"之间的差异是什么？这些都很值得进一步研究；另一方面，在现代汉语其他方言或/和世界其他语言（比如英语、日语、韩语）中，是否也存在与此相对应的某种结构？如果没有，汉语这一结构的独特性则要深入挖掘；如果有，"人称代词＋NP"结构与其他语言系统中的相应结构之间究竟具有怎样的关系？这些都是需要我们去认真探讨的问题。

（2）"人称代词＋NP"结构与汉语的话题优先特征

本章研究表明，汉语"人称代词＋NP"结构是一种具有很强的话题启动效应的短语结构。这一结构在汉语中的存在（其他语言是否也有类似的典型结构目前尚不清楚），是否能够为"汉语是主题（话题）优先型的语言"这一类型学的重要论断增加一个新的证据，也是值得我们进一步思考的问题。

第七节　本章结语

本章在对电视剧《亮剑》台词做定量考察的基础上，对汉语口语中"我李云龙"一类的"人称代词＋NP"复指结构进行了分析。本章从结构的内部构成、NP的语义特征和句子谓语及其情态特征等多侧面进行了描写。我们认为：汉语"人称代词＋NP"复指结构是一种隐性述谓关系，其"NP"的功能在于突显"人称代词"所指代对象在当下话语情境中说话人所认定的某种[+属性]特征，从而造成结构表达的强主观性。这种强主观性的突显，在相当程度上制约着句子 [– 事件] 的特征。因此我们认为，汉语"人称代词＋NP"结构是一种话语功能独特的短语结构，其主要的话语功能在于突显代词所指对象在特定话语情境中所拥有的某种特定 [+ 属性] 要素，从而规定言者对这一对象的主观评价或是预测这一对象在话语情境中将采取的特定行为。我们相信，这一结构应当具有类型学的价值。对此结构的深入研究，有助于我们深化对汉语代词系统的地位和作用、名词的陈述性以及主谓关系等相关问题的认识。

第五章　人称代词"人家"的劝解场景与移情功能 *

——基于三部电视剧台词的分析

提　要　本章以三部电视剧的台词为语料基础，从会话场景分析出发，得到如下基本认识：人称代词"人家"是在劝解场景中，基于言者和听者的人物关系格局，由言者使用的一种具有特定话语功能的表达手段。在这样的场景中，言者使用"人家"是为了突显其所指对象本身具有的某种特定角色特征，从而要求听者与自己一起对该对象进行移情，以达到对听者进行劝解的交际意图。而"人家"在指称上的复杂性，是其移情功能造成的语用后果，具有内在的统一性。"人家"移情功能的实现，受到话语功能和言语表达两方面机制的制约。

关键词　人称代词　"人家"　劝解场景　角色特征　移情

第一节　引言

在现代汉语人称代词家族中，"人家"是一个非常特殊的成员，有人甚至称其为"万能代词"，因为"人家"在具体的话语中可以分别指代"别（的）人、他（们）、你、我"这些不同的指称对象。那么，同一个"人家"为何具有这四种指称用法？它们彼此之间是什么关系？造成这种关系的内在机制是什么？这些问题引起了我们的研究兴趣。在正式讨论这些问题之前，先让我们来简要回顾一下"人家"的相关研究，并对本研究的一些背景情况做些说明。

---

* 本章与韩超合作完成，其简写稿以同名论文发表于《语言教学与研究》2011 年第 6 期。

1. 人称代词"人家"的研究综述

综观"人家"已有的研究，有针对结构和语义的（如王冬梅1997），有针对来源和发展的（如吕叔湘1985:90~93），有与其他代词比较的（如刘月华等2001:77~78），有针对社会语言学的（如王慧慧2006），等等。下面，我们着重介绍有关"人家"的指称类别和意义、认知语义和功能这两方面的研究，因为它们与我们的研究思路更为接近一些。

（1）指称类别和意义的研究

长期以来，人称代词"人家"一直是学界所关注的热点，许多学者对"人家"的指称类别和意义进行过细致的描写。其中代表性的论述有：赵元任（1979:285）把"人家"归入指别人的代名词类。丁声树等（1979:147~149）把"人家"与"别人"进行对比，说明两者的差别。王力（1985:205~206）把"人家"、"别人"归入无定代词，并认为"人家"的自称用法是无定代词的活用。吕叔湘主编（1999:463~464）对"人家"主要从指称的角度进行了描写，认为"人家"可以泛称说话人和听话人以外的人，大致相当于"别人"；可以指称说话人和听话人以外且已见于上文的人，大致等于"他"或"他们"；也可指称说话人自己，等于"我"，但稍有不满的情绪。崔希亮（2000）把"人家"归为第一人称兼第三人称代词。邵敬敏（2003）将"人家"的指代功能细分为三类："别代"、"指代"和"指别"，并认为"人家"的基本功能是"别代"，同时将"人家"所指的语义角色类型分为三类："他指"、"自指"和"对指"。张伯江等（1996:163~168）讨论了"人家"的用法："指示"、"区别"和"替代"，并得出"人家"的确知程度由低到高的次序链，并认为尽管"人家"在不同的语境里表现出不同的指称方向，但它最本质的功能是"他称"，同时还指出，"他称"这一本质属性是"人家"既可指"他"又可指"你"指"我"的前提。王喜伶（2008）指出，"人家"做代词、做名词都存在模糊的语义界限，而这些模糊语义又有着有效的言谈功能。赵明（2009）分析了代词"人家"在不同所指中的五种交际功能，即泛指说话人和听话人以外的人、专指说话人以外的一个或几个人、与其后名词性成分共同构成同位语、指说话人自己、指听话人。刘雪芹（2010）主要是将"人家"的指称意义分为四类：指人与指物、泛指与特指、单指与复指、他指与自指。

（2）认知语义和功能的研究

认知语言学理论兴起以来，有学者从认知语义的角度对"人家"进行过探讨。郭继懋等（2004）是这方面具有代表性的成果。该文指出，"人家"的语义特点与"外人"认知模式是分不开的，说话人使用"人家"是要隐含地发出一种议论，认为对于"参照者"而言，某人是"外人"，是"参照者"应该尊重的、应该以一般交往情理相待的人。说话人使用"人家"的目的，是为了把被指称者"推远"并"抬高"到从情理上看合适的位置。"推远"、"抬高"的另一面就是"拉近"、"降低"参照者。而使用"人家"时所包含的态度是疏远、客气、尊重、同情、称赞等，它们来源于"外人"模式和使用"人家"的语义环境。万中亚（2006）具体分析了"人家"各种语义出现的语言环境，并且用视角转换理论解释了"人家"三种语义产生的原因，说明"人家"用作第三人称代词是基本语义，用作第二人称代词指"你"是临时语义，即具体语境下指称受话人，这要受交谈对象的数量和话题内容涉及对象的数量的制约。

在从功能角度对"人家"进行研究的文献中，有的是从语用交际功能的角度出发的，如王力（1985:205）就认为使用"人家"往往带着感情。吕叔湘（1985:93）认为，用"人家"比"我"要婉转些，也俏皮些。吴卸耀（2002）认为，用"人家"指"我"具有间接性，表示婉拒，影响自称的首要因素是说话人和受话人之间的关系。翟颖华（2004）认为，"人家"在语用上具有丰富的语用含义和独特的表达效果，话语中渗透着对描述对象的主观感受和态度。说话人将"人家"的指代对象引作参照系，或是以羡慕、赞美、欣赏的眼光将其作为仿效和看齐的对象，希望另一方也能如此；或是有意形成强烈的反差，责备、取笑或指出一方不如另一方。董秀芳（2005b）指出，"人家"的使用是说话人故意降低自身的移情度，是一种自己退到远处的方式。这一研究思路对我们颇有启发。唐正大（2005）提出，"人家"是第三人称指称形式的羡称形式，即当第三人称所指相关的事件、状态、属性是积极的，且说话者表示羡慕的情况下使用"人家"指称第三人称。吴伟萍等（2006）认为，虽然从语义上说"人家"在一定的上下文中等于"我"，但是两者所表达的情感差异很大，前者往往能表达出许多后者无法传达的情绪（不满、亲热、俏皮），因此"人家"的语用功能比

"我"要丰富得多。闫亚平（2007）运用系统功能语言学理论，从人际功能的角度分析了"人家"从第三人称代词扩张到可以指"我"和"你"的根本动因，认为用"人家"指"我"时蕴含着权势关系和婉转功能，指"你"时体现出客观、疏远的态度和礼貌功能。

另外，还有一些从修辞功能的角度开展的研究。张炼强（1982）指出，人称代词的变换，正是基于这种修辞的需要而产生的。杜道流（2002）认为，"人家"在语境中相当于"我"、"你"、"他"时，都或多或少带有某种修辞色彩。杨春冉等（2006）指出，"人家"与三身代词相比，具有丰富的修辞功用和良好的修辞效果。莫珍珍等（2009）认为，"人家"所反映的视角的不同决定了"人家"所指对象的不同，凡相当于"我"、"你"或"他"时，或多或少地都带上了某种特殊的修辞色彩；用作自称时，为了一定的交际目的，故意用"人家"拉开说话人与听话人之间的距离。

（3）小结

由上可知，学界对"人家"问题的研究，成果相当丰富且视角多样，问题涉及面较广，尤其是指称类别和意义、认知语义和功能这两方面的成果，是我们进一步研究的良好基础，对本研究具有重要的启发。但我们也认为，这些成果的内在系统性还很不够，尤其是在描述"人家"所体现出的情态功能时：有的倾向于积极取向，或认为它表现对"被指称者"的"同情"或"夸赞"之类的态度，或体现出客观、疏远的态度和礼貌功能以使话语委婉等；有的倾向于消极取向，认为"人家"体现出不满的情绪，有拉开说话人与听话人距离的作用等；而有的则观点折中，认为"人家"伴有亲密、俏皮或不满的附加意义等。显然，把这么多的情态功能罗列在一起，是不能很好地服务于对外汉语语法教学的实际需要的，也不能深化我们对"人家"本质问题的认识。因此，我们的研究目标是，努力寻求更为系统化和更为深入的研究成果。

2. 研究背景

（1）研究的基本问题

本章所要探讨的基本问题如下：第一，"人家"成为"万能代词"的内在机制是什么？第二，"人家"的基本表达功能是什么？各功能之间构成怎样的联系？第三，"人家"作为一个典型的口语成分，其所出现的典型会话场景是怎样的？这种典型的会话场景对其基本的表达功能又具有怎样的制约作用？

（2）研究的基本立场

我们相信，不同指代词的选用，能直接体现人际之间各种不同的社会关系和价值评判。也就是说，当在概念上同为"单数第一人称"时，选用"我"还是选用"人家"，其所体现出的说话者与被指称对象之间的关系是有差别的。不同的人称代词具有确立不同评价对象的功能。

吕明臣（2005:73~82）指出，话语意义是以意图为核心的认知建构。我们认为，仅从指称的角度来研究"人家"，并不能很好地解决为何而用的问题。用"人家"指称本来可以用其他人称代词所指称的对象，这是言者在一定的交际场景中实现特定交际意图的需要。这一认识是我们研究此问题的出发点和关键所在。

（3）语料来源

本研究立足于真实语料的话语分析。我们对电视剧《亮剑》《甜蜜蜜》和《王贵与安娜》中含有"人家"的台词进行逐句的看录、转写，共得例句290个。在此基础上用Excel表对例句的属性特征逐个加以标注、统计和分析。例句属性标注的信息包括：例句、场景类别、言者、听者、言者和听者的关系类型、言者和听者的关系模式、"人家"的指称形式、指称类型、"人家"的角色特征、移情标记（句法/虚词/修辞）等。这些信息共同构成本研究分析讨论的基础。

第二节 "人家"所在的劝解场景

"人家"作为一个典型的口语成分，总是出现在特定的会话场景之中。那么，它所出现的会话场景是什么类型的？这一场景具有怎样的典型特征？这一场景对"人家"的指称形式及其表达功能又具有怎样的制约作用？这是我们首先要探讨的问题。

1. 劝解场景中的人物关系格局

经过考察，我们可以肯定地说，人称代词"人家"基本处于劝解场景之中。劝解场景是言者利用一定的言语手段去劝说、教育、引导听者认同、理解直至赞同自己的某种观点，从而促使听者与自己达成某种共识，以达成劝解听者的交际目的。

在考察人称代词"人家"所处的劝解场景时，我们首先来探讨一下劝解场景中的人物关系格局，具体地说就是"言者—听者"的人物关系。因为与听者之间的关系如何是影响言者进行言语表达的重要因素之一。

我们知道，分析会话场景，首要的因素是会话参与者之间的人物关系格局，不同的人物关系格局决定着不同的会话结构。从我们所观察到的"人家"所在的劝解场景来看，会话双方的人物关系虽然有多种情形，但不外乎两大类：一类是亲属关系，包括母女、夫妻、姐弟、父子等；一类是社会关系，像朋友、恋人、同学、敌我关系等。这些错综复杂的人物关系背后，蕴含着会话双方的等级地位关系。比如，朋友之间说话时是平等关系；而上级对下级说话时，言者与听者就是"上—下"关系；同样儿子对父亲说话时，则为"下—上"关系。我们把"人家"所在劝解场景中的人物关系归纳为表1：

表1

类型 \ 类别	亲属关系	社会关系	数量	比例
上—下	叔—侄、母—子、母—女……	上级—下级……	81	28%
平—平	夫妻……	朋友、恋人、同事、敌人……	174	60%
下—上	弟—嫂、女—母……	下级—上级、追求者—被追求者……	35	12%

从表1可以清楚地看到，"人家"所在劝解场景中的人物（言者—听者），一般都是具有重要社会关系的人，他们之间存在着明显不同的社会等

级差异，体现着一定的权势地位差别。我们认为，无论是"上—下"还是"平—平"，甚至包括少量"下—上"的关系格局，都为言者达成"劝解"的交际意图提供了有利的条件。下面，我们来分析"人家"所在劝解场景的具体情形。

2. 劝解场景的基本类型

通过对 290 例台词所在场景属性的逐项考察，我们把"人家"所在的劝解场景概括为"劝解"这一典型范畴。在这一范畴下，再分为五个具体类别：劝说场景、夸赞场景、教育场景、解释场景、感慨场景。下面我们分别加以说明。

（1）劝说场景

"人家"所出现的劝解场景最多的是言者劝说、开导、催促、叮嘱或阻止、劝阻、反对听者的情况。例如：

（1）[王贵的婶对王贵]：来，把你叔这件衬衣拿去穿吧，好歹也是看人家姑娘呢，打扮体面点儿。（《王贵与安娜》）

由剧情可知，王贵去和安娜相亲回来，觉得安娜太高傲，看不起他，因而情绪低落，于是王贵的婶就给他出主意，叮嘱他打扮体面点儿才能为自己创造更多的与姑娘见面的机会。

（2）[赵刚对李云龙]：我说你呀，也该娶个媳妇了，人家姑娘对你是一片真心，论条件也不比你差呀，你有什么了不起的！（《亮剑》）

由剧情可知，秀芹姑娘爱上了李云龙，可李云龙对秀芹不够热情主动。政委赵刚出面去做李云龙的工作，一是说李云龙该结婚了，二是说秀芹姑娘条件不错。这是典型的劝说、开导的场景。

我们认为，在这些或是开导、叮嘱、催促或是反对、阻止、劝阻的场景中，言者都是为了劝说听者做某事或者不做某事，它们虽有一些细微的差别，但都可以归入劝说场景。

（2）夸赞场景

"人家"出现比较多的是夸赞场景。在这样的场景中，言者或是在夸赞、夸耀，或者在打趣、讽刺、挖苦、嘲笑听者或第三者。

（3）[安娜对王贵]：那顾老师，人家现在就已经是研究生了。去英

国我看你算了吧，还是先把副教授评上是真的。(《王贵与安娜》)

剧情表明，安娜在夸赞顾老师的优势，以此挖苦王贵学历低。

（4）[赵刚对罗主任]：刚才我看到一个女同志从你这儿气呼呼地出去，你老罗怎么人家了？(《亮剑》)

从剧情看，医院罗主任给护士田雨做思想工作，想说服田雨嫁给部队高级首长，可田雨不愿意，气呼呼地从罗主任的办公室跑出来时，恰好被赵刚看见。于是赵刚进门便和罗主任打起趣来。

我们把打趣、讽刺、挖苦、嘲笑等看作是一种"假的夸赞"，因此把它们与夸赞、夸耀等"真的夸赞"都归入夸赞场景。

（3）教育场景

"人家"出现比较多的另一类是教育场景。在这一场景中，基本上都是言者在教育、批评、责怪、责备、抱怨、埋怨听者。

（5）[安娜的娘对安娜]：说明人家把你当成宝贝。别敬酒不吃吃罚酒。(《王贵与安娜》)

由剧情可知，王贵送来一大堆聘礼，安娜坚决不愿嫁，责备她娘，但安娜的娘从心底对王贵非常满意，觉得女儿不应该嫌弃王贵，于是就教育女儿不要太任性。

（6）[安娜对其弟弟]：你，一张篮球票，你就帮人家把好话说尽。(《王贵与安娜》)

这一例子所在的场景是，安娜的弟弟夸王贵有礼貌，不像安娜说的那么差，而安娜认为弟弟是收了王贵送篮球票的好处了，便责怪弟弟因为一点儿好处就把王贵说得那么好。

（4）解释场景

"人家"出现较多的还有一种情形是解释场景。我们把言者在劝解场景中进行解释、道歉、辩解、诉苦和反驳等情形都归为解释场景。

（7）[王贵对室友]：可惜她们家人都在，要是不在，我能吃掉一盆！我不好意思……我怕人家说我太能吃。(《王贵与安娜》)

这段台词出现的场景是，王贵从安娜家回寝后，一夜未眠，只想着安娜的娘做的红烧肉，但又害怕吃多了，安娜家人会对他不满意，所以没敢多吃，回来和室友诉说苦衷。

（8）[韩阳对张军]：我怎么知道啊！再说了，<u>人家</u>有没有男朋友跟你有什么关系呀？（《甜蜜蜜》）

这段对话所在的剧情是，张军初次见到叶青便心生邪念，于是向韩阳打听叶青有没有男朋友，韩阳心里没好气，就反驳张军。

（5）感慨场景

"人家"出现比较少的是感慨场景。在此类场景中，言者表达感慨、慨叹、担心、犯愁一类的情绪。

（9）[王贵的娘对王贵]：她傲得不轻啊。<u>人家</u>还想着咱家娶了小姐呢……（《王贵与安娜》）

此段会话所在的场景是，安娜在王贵老家要上茅房，让王贵去给她清理粪坑，王贵的娘看见以后便和王贵发感慨——城里来的姑娘太娇贵。

（10）[安娜的爹对安娜的娘]：这样逼婚不太合适吧，万一把<u>人家</u>给吓跑了呢？（《王贵与安娜》）

此例所在的场景是，安娜的娘打算把王贵叫回来跟他提婚，安娜的爹还在犹豫，有所顾虑，怕王贵没有思想准备，表现出一种犹豫、担心的情绪。

3. 劝解场景的内在统一性

前文我们逐一说明了劝解场景五个小类各自的情形。尽管它们彼此之间在交际意图或交际目的上存在着细微的差异，但这些劝解场景所体现出的内在联系性和统一性是十分明确的，因而我们可以把他们统一归结为劝解场景。

我们认为，从交际意图的角度看，劝说、教育都是言者为了说服听者认同自己的某种观点，它们是比较典型的劝解；解释的交际意图一般也在于言者为了消除听者的某种误解从而认同自己的观点；而夸赞、感慨，虽然表面上看离劝解稍微远一些，但是我们知道，言者在具体的语境中一般不会毫无目的地发出夸赞或是感慨，而往往是为了引导听者来赞同或认同自己的某种观点。因此，我们把"人家"所出现的各种场景统一处理为劝解场景。可以肯定地说，劝解场景为言者和听者的会话框架奠定了基调，它制约着言者的言语表达形式，自然也就制约着劝解场景中人称代词"人家"使用的价值取向。

第三节　"人家"所指对象的角色特征

下面，我们来看一下在劝解场景中人称代词"人家"所指对象所具有的角色特征，这是理解为何使用"人家"的一个关键因素。

那么，什么是角色特征呢？我们知道，人称代词"人家"在具体的话语情境中总是用来指代某个或某些具有特定社会关系的人物。而在这些特定的社会关系中，某个或某些特定的社会人物，总是要突显其自身所具有的某种特定社会身份或社会属性的。我们把在具体话语情境中所突显出来的这种特定人物的特定社会身份或社会属性概括为所指对象的角色特征。我们认为，"人家"在劝解场景中总是与某种特定的角色特征相联系。

（11）[李云龙对孔捷]：两个人穿上一条裤子了？你孔二愣子一眨眼成了政委了，你猪鼻子插大葱装什么象啊你！人家老赵好歹是个知识分子啊，你是什么，你斗大字不识一升……（《亮剑》）

在这一劝解场景中，"人家"指称政委赵刚。而在李云龙眼中，赵刚是个知识分子，是名牌大学毕业生，是值得尊敬的文化人，不比一般的"土八路"。这就是此时"人家"所指对象的角色特征。

我们认为，人称代词"人家"在各种具体的劝解场景中，所突显的被指称对象的角色特征是不同的。下面，我们从多个角度来分别考察"人家"在各种劝解场景中所突显的被指称对象的角色特征。

1.突显亲者或利益关切者的角色特征

（1）突显亲者的角色特征

在劝解场景中，"人家"常常用来指称那些对言者和／或听者而言，具有亲缘关系（包括恋爱对象、夫妻、亲家等）的人。

（12）[王贵的婶对王贵]：别让人家相不中咱啊！（《王贵与安娜》）

（13）[安娜的娘对安娜]：你以后是要进人家的家谱的，你不承认也没有用，那个乡下以后就是你的根。（《王贵与安娜》）

例（12）中的"人家"指听者所恋爱的对象。例（13）中的"人家"指听者的丈夫。言者／听者和所指对象之间都是亲者关系。

（2）突显利益关切者的角色特征

在劝解场景中，"人家"也可以用来指称那些对言者和/或听者而言，虽没有特定的社会关系，但却具有一定利益关切的人。这时"人家"往往是泛指的用法。

（14）[王贵对安娜]：人家现在这个贼呀，都不用智商了，直接把你这个老太太绑起来，拿钳子敲你的大板牙，我看你招不招。（《王贵与安娜》）

（15）[王贵对安娜]：人家请客？谁请客？（《王贵与安娜》）

例（14）中的"人家"泛指现在的贼，贼是有可能对言者和/或听者造成利益损失的人。例（15）中的"人家"泛指有可能请言者和/或听者客的人。无论是"贼"还是"请客者"，都可能与言者和/或听者产生重要的利益关系。

2. 突显强者或弱者的角色特征

（1）突显强者的角色特征

在劝解场景中，"人家"常常用来指称那些对言者和/或听者而言，具有更高社会地位和更高权势的人，包括当权者、有地位者、有钱人、施惠者，等等。

（16）[安娜对王贵的堂弟]：人家只说试用，可没说正式录取啊，关键在好好干。（《王贵与安娜》）

（17）[一同学对刘波]：他呀，他现在可厉害得很哪。人家现在是销售科长，他们厂啊，那在全国都是挂着号的大厂，求他办事的人，恐怕那屁股后要排三里地。（《王贵与安娜》）

例（16）中的"人家"是指有权决定是否录用听者的老板，当然是有权势的人。例（17）中的"人家"指相对言者和听者而言有一定权力和地位的人。

（2）突显弱者的角色特征

与突显强者的角色特征相对应，"人家"在劝解场景中也可以指称那些在言者和/或听者看来，相对能力弱、地位低、需要帮助或需要保护的人。

（18）[田雨对同事]：哎，你把勺子放人家耳朵上了。（《亮剑》）

（19）[李云龙对田雨]：上次我跟老赵通电话的时候，把冯楠说得跟天仙似的，要是将来人家老赵一见，不是那么回事，还不说我吹牛啊。（《亮剑》）

（20）[余书记（雷雷的娘）对叶青]：你上过医学院吗？凭什么给人家看病啊？你负得了责任吗？（《甜蜜蜜》）

例（18）中的"人家"是言者和听者所要护理的病人。例（19）中的"人家"是需要得到言者和听者帮助的人。例（20）中的"人家"是自称病人的言者，也就是弱者。

3. 突显有魅力者或令人生厌者的角色特征

（1）突显有魅力者的角色特征

从"人家"所在的劝解场景也可以看到，"人家"也用来指称那些具有更大魅力的人，包括作为榜样的人、值得信任的人、受尊敬的人、有威信的人、勇敢者，等等。

（21）[孔捷对李云龙]：李云龙，你怎么当的团长，连个主攻任务都抢不来！人家在前面打得热闹，咱独立团在后面坐冷板凳！（《亮剑》）

（22）[王贵的爹对王贵]：啥话来，看病有啥不好意思的，况且人家是个男大夫。（《王贵与安娜》）

（23）[安娜对王贵]：哎，我提醒你啊，在我爸妈那儿，弟弟妹妹面前，你得给我表现出一点儿男子气概，别老往厨房钻。你看人家都不去，你也不许去，听见没有？（《王贵与安娜》）

例（21）中的"人家"是指有机会打主攻的部队，是令言者和听者羡慕的人。例（22）中的"人家"是指医生，是值得信任的人。例（23）中的"人家"指家里那些不做家务的家庭成员，是听者所要学习的榜样。

（2）突显令人生厌者的角色特征

"人家"也可以用来指称那些在言者和/或听者看来让人讨厌、令人憎恨的对象。因此，这种劝解场景中的"人家"往往是指受讽刺、挖苦的对象，或是指不受欢迎的人。

（24）[田雨对同事]：人家是人家，我田雨出身再不好也不想沾这种光。（《亮剑》）

（25）[李云龙对楚云飞]：虽说是国难当头，饭总还是要吃的，兄弟我不怕<u>人家</u>说咱们是前方吃紧，后方紧吃。(《亮剑》)

（26）[安娜的娘对安娜]：只有你这种人，会去美慕<u>人家</u>有钱人。我呀，从小就想自己是劳动人民，是种地的，平平安安一生。(《王贵与安娜》)

例（24）中的"人家"指言者心目中那些想当首长夫人的人；例（25）中的"人家"是指言者所批评的那些可能对自己说三道四的人；例（26）中的"人家"指听者所羡慕的"有钱人"，而这是言者所不以为然的。这三例中的"人家"，均指代言者和／或听者所不认同、不喜欢的对象。

4. 小结

先让我们用表2来展示"人家"所指对象角色特征的分布情况：

表2

角色类型	用例数	总　计	比　例
亲者	9	45	16%
利益关切者	36		
强者	76	145	50%
弱者	69		
有魅力者	76	100	34%
令人生厌者	24		

再让我们来分析一下"人家"所指对象的各类角色特征所具有的共性。我们知道，无论是恋爱的对象、亲家、亲戚还是邻里、朋友，对言者和听者来说，都是需要关注、关切、爱护、尊重的重要对象，而不是可以漠视的毫无关系的人；而那些社会地位高的当权者、有地位者、有钱人、施惠者，在社会中也更容易获得人们的羡慕、尊重或是遭到嫉妒，因而也是需要人们倾注更多情感的对象。再有就是，怜悯之心人皆有之，无论是能力弱、地位低的人还是需要得到帮助或是需要受到保护的人，都会让人们付出更多的怜惜之情。最后，人们对那些个人能力强的人、值得信任的人、

有魅力的人、受尊敬的人、有威信的人以及榜样、强者、勇敢者，等等，自然也会给予更多的情感关注。因此，我们的结论是，"人家"的所指对象，都是需要人们（在劝解场景中就具体化为言者和听者）倾注更多情感的对象。而这从语言主观性的角度来说就是，"人家"作为一个人称代词具有"移情"表达的功能。

第四节 "人家"的指称类别与移情功能

1. "人家"的使用形式、指称类别及移情的概念

（1）"人家"的使用形式和指称类别

综观前人的研究我们看到，人称代词"人家"在话语中存在独用和复用两种形式，其指称类别可分为泛指（别人）、他指（他）、对指（你）和自指（我）四种。例如：

（27）[安娜的娘对安娜]：你这么看不起人家劳动人民，我看你啊，不是改造得多了，是改造得少了。（《王贵与安娜》）

（28）[雷雷对他娘]：我就算有这心，人家也没这意。你瞎操心什么呀你！（《甜蜜蜜》）

（29）[王贵的娘对王贵]：都当人家老婆了，她还傲得不轻呢！男人都不敢说一句。[①]（《王贵与安娜》）

（30）[安安对王贵]：不行，爸爸赖皮，人家字典都拿出来了，赌，赌，赌！（《王贵与安娜》）

例（27）中的"人家劳动人民"是复用形式，其余三例都是单用形式。例（27）~例（30）中的"人家"分别是泛指（别人）、他指（叶青）、对指（听者"你"）和自指（言者"我"）。

---

① 对此例中"人家"的"对指"性质，人们存有不同的看法。杜道流（2002）列举了此类用法。2010年8月笔者与杜道流先生会下交流时，他也坚持认为"人家"有"对指"的用法，只是用例极少而已。

我们认为,"人家"从指称概念上说,其实是可以分别换作"他(她)、别人、我、你"的。但在具体的话语中,为什么不用这些人称代词而统一使用"人家"来指称不同的对象呢?李战子(2002:172~175)认为,指称的变换还蕴含了作者①评价的人际功能。由此我们相信,四种指称概念都可用"人家"来指称这一现象存在的根本动因在于,"人家"作为人称代词,在劝解场景中具有明确而统一的移情功能。

(2)移情的概念

我们知道,移情(empathy)在西方美学的概念中,是指直观与情感直接结合从而使知觉表象与情感相融合的过程,其实质是将生命和情趣注入对象之中,使对象显示出情感色彩。在心理学中,移情又被称为感情移入,是指认同和理解别人的处境、感情和动机。在言语交际中,移情是指说话者描述事件或状态时所采取的视角,即说话者站在某一言语参与者或行为参与者的立场或角度来进行叙述,即移情于该对象。(董秀芳 2005b)而人称代词"人家"作为汉语典型的口语成分,在话语交际过程中被言者刻意使用这一现象,充分体现了对"移情"手段的应用。具体地说就是,言者在使用"人家"替代其他人称代词的过程中,将自己的思想感情移入所要描写和指称的对象上去,从而自然地体现出对言谈对象所持有的情感态度。下面,我们对"人家"的移情功能做进一步的讨论。

2."人家"的移情功能

前文综述已表明,学界在描述"人家"所体现出的情态功能问题时,说法过于繁杂,观点难以统一。经过对语料的逐条分析我们发现,言者使用"人家"所表达出的移情功能,主要有两大类四小类。它们分别是"称羡"和"讽刺"、"同情"和"自怜"。

(1)"称羡"和"讽刺"

"人家"在劝解场景中,最多的是用于"称羡",即指代称赞和羡慕的对象。

(31)[王贵对安娜]:人家医生不是说了嘛,那是喝牛奶喝的。你看,现在一改喝豆浆,病好了嘛。(《王贵与安娜》)

---

① 这里的"作者"在会话中可以理解为"言者"。

（32）[段鹏对李云龙]：反正啊，我见过的人里边，就数人家赵政委
有文化。（《亮剑》）

在这两个例句中，"人家"分别指代医生和政委，对各自的言者来说，
他们都是有文化知识和有修养的人，当然也就是值得称羡的人。

下例中的"人家"则与此稍有差别：

（33）[赵刚对小战士]：可是兄弟啊，咱们有了土地，人家蒋介石不
干哪，总想方设法要给抢回去，咱怎么办呢？（《亮剑》）

此例中的"人家蒋介石"对于八路军战士来说显然是敌人，可这里用
"人家"，表明言者对被指称对象的态度看似积极实则相反，充满讽刺意味。
因此，我们认为，"讽刺"实为虚假的"称羡"，两者具有内在的关联。

（2）"同情"和"自怜"

"人家"的另一种移情功能是，表达言者对被指称对象的"同情"态度。

（34）[赵刚对李云龙]：第二天就装着没事人似的，理也不理人家。
（《亮剑》）

（35）[雷雷对黑皮]：我跟她什么关系都没有。这事儿是我犯下的，
我得还人家一清白，知道吗？（《甜蜜蜜》）

在例（34）中，言者用"人家"指秀芹（暗恋李云龙而又遭冷遇者），
从而表达对被指称对象的同情。例（35）中，言者雷雷用"人家"指代叶
青（因言者而受伤害者），表达对叶青的怜惜之意。

我们认为，"自怜"的实质是"自我同情，自我怜悯"。这种情况在言
者使用"人家"自指时表现得十分明确。

（36）[秀芹对李云龙]：人家纳鞋底把手都磨破了，你可倒好，随手就
给那臭和尚了，就他那脏样儿，也配穿那么好的鞋？（《亮剑》）

例（36）中，言者秀芹用"人家"自指，故意不说"我"，从而让听者
（李云龙）感受到言者自己的委屈和不满。"人家"的这种用法是女性表达
自我同情时的一种典型用法，具有特殊的话语功能。

3."人家"的移情功能与指称类别之关系

我们把"人家"的移情功能与指称类别之间的分布关系列为表3：

表3

移情功能 指称类别	称羡	讽刺	同情	自怜	总计
泛指	42	10	2	0	54
他指	136	29	60	0	225
对指	0	1	1	0	2
自指	0	0	0	9	9
总计	178	40	63	9	290

表3显示：第一，泛指时，"人家"主要用来表现"称羡"和"讽刺"，极少表现"同情"，并不表现"自怜"；第二，他指时，"人家"主要用来表现"称羡"和"讽刺"，也可以表现"同情"，而不表现"自怜"；第三，对指的用法极少，只有讽刺和同情各1例，可以忽略；第四，自指时，"人家"只表现"自怜"，而不表现"称羡"、"讽刺"和"同情"。

第五节 "人家"移情的内在机制

前文我们从劝解场景、角色特征以及指称类别与移情功能的关系等方面，对"人家"移情表达的情形做了初步的分析。下面，我们将进一步论述"人家"作为一个特殊的人称代词发生"移情"作用的内在机制。我们认为，"人家"发生移情作用的内在机制，可以从劝解场景和言语表现两个方面来认识。

1. 劝解场景对"人家"移情的制约

（1）劝解场景对移情的内在规定性

由第二节所述可知，"人家"作为一个典型的口语成分，基本出现于劝解场景之中。这个劝解场景要求言者有意地对被指称对象进行移情（也可以说是"心理移位"），从而促使听者与自己一起"设身处地为他人着想"，这便是劝解所要达到的交际意图。可以说，劝解场景从宏观上内在性地规定着"人家"移情的发生。让我们来看下面三个例子：

（37）[王贵对安娜]：人家别人家都三四个孩子，就咱家就两个还多呀，不多。（《王贵与安娜》）

（38）[安娜对王贵]：人家现在还在美国一所著名的大学里面当老师呢。（《王贵与安娜》）

（39）[王贵的叔叔对王贵]：你自己的事情，你自己想。你自己主动找人家。你不能老把我夹在中间啊你。（《王贵与安娜》）

例（37）所在场景显示，王贵对"别人家都三四个孩子"的事实进行评说，认为这是值得羡慕和学习的事情，这显然是为了劝说安娜再生孩子。例（38）所在场景显示，安娜为了表达王贵没有刘波（"人家"的所指对象）好的意思，就把刘波在美国著名大学当老师这一事实进行陈述，从而达到夸赞刘波的目的。例（39）所在场景是，王贵的叔叔显然认为，在恋爱过程中男孩子是需要主动去追求女孩子的，他用"人家"指代"安娜"，对安娜进行移情，就是为了让王贵也认同这一点，从而达到教育王贵的目的。这二例表明，言者使用"人家"进行移情是由劝解场景内在规定的交际策略。

（2）人物关系格局为移情提供了可行性

由第二节可知，在"人家"所出现的劝解场景中，"言者—听者"之间的人物关系格局具有如下两个特征：第一，"言者—听者"之间往往是具有亲缘关系或是具有重要社会利益关切的人；第二，"言者—听者"之间，"上—下"和"平—平"的人物地位关系占了相当的优势（占88%）。这说明，由于彼此有重要的利益关切，同时言者对听者来说又往往处于上位或平等的权势地位，这一人物关系格局就为劝解交际意图的实现提供了有利的条件。有了这一条件，言者对"人家"所指对象进行移情也就顺理成章了。

（40）[吴主任对叶青]：没听说宁当鸡头不当凤尾吗？你们去了，人家一定拿你们当宝贝。（《甜蜜蜜》）

（41）[叶青娘对叶青爹]：哎，你等等，这烟你记着，这是给人家院长的啊！（《甜蜜蜜》）

（42）[段鹏对李云龙]：人家就不说老子老子的。（《亮剑》）

例（40）所在的场景表明，言者（吴主任）是听者（叶青）的老师，属于社会关系中的"上—下"关系格局，上对下进行劝说是十分自然的事情。例（41）所在的场景中，言者和听者是夫妻关系，夫妻之间，无论是丈夫劝妻子还是妻子劝丈夫，都是再平常不过的事情。例（42）所在的场景中，言者（段鹏）和听者（李云龙）属于社会关系中的下级对上级的关系，一般情况下，下级不好直接去劝说上级，但是由于言者是听者的贴身警卫，关系非同一般，因此在上下级关系中也包含有十分亲近的战友情分，因此，言者对听者发出抱怨以变相进行劝说，也是情理之中的事情。

总之我们认为，在"人家"所出现的劝解场景中，会话者之间的人物关系格局为言者使用"人家"对被指称对象进行移情提供了现实的可行性。

（3）角色特征是移情发生的语义基础

在第三节，我们从三个方面六个类别对"人家"所指对象的角色特征进行了详细的讨论。这些讨论说明，无论"人家"所指对象具体是哪一类，具有怎样独特的角色特征，他们都是需要言者和 / 或听者倾注更多情感的对象。这便是言者之所以要用"人家"进行移情表达的语义基础。

如前文所述，"人家"的所指对象，在具体的劝解场景中均富有某种值得言者和 / 或听者关注的角色特征。这些特征不只是相对于言者来说的，而且也是相对于听者而言的，甚至是相对于会话场景中的所有参与者来说的。我们认为，这种角色特征，不仅是"人家"所指对象本身具有的，而且更是言者在当下场景中所要特别突显的，它规约着言者和/或听者移情的方向。

（43）[雷雷的娘对雷雷]：要不你再去考一回。你瞧<u>人家</u>七七级的，三十多岁还上大学呢，你才多大呀！（《甜蜜蜜》）

（44）[莎莎对雷雷]：谁都像你这么死心眼儿啊，还调查。<u>人家</u>一听说是雷副市长的大公子，那恨不得大把大把钱往你手里塞，你就等着接钱吧。（《甜蜜蜜》）

（45）[雷雷的娘对雷雷]：你不要老婆，我还要脸呢。别让<u>人家</u>戳你爸妈的脊梁骨。（《甜蜜蜜》）

例（43）所在的场景是，雷雷的娘为了劝说雷雷考大学，就把"七七级的"作为不怕年纪大而考大学的榜样，突显的是其值得学习的角色特征。例（44）所在的场景是，莎莎在挖苦雷雷死心眼，用"人家"指代两位港商，突显的是港商具有"好钻营、见利忘义"的特征，从而达到讽刺的目的。例（45）所在的场景是，雷雷的娘劝说、催促雷雷结婚，用"人家"指代关注、关心自己的人，突显的是别人对自己具有利益关切的特征。

这些例子说明，言者在劝解场景中用"人家"指称的言谈对象，无论是对言者还是听者来说，都具有十分明显和确定的角色特征，他们是需要言者和／或听者特别加以关注的对象。因此我们认为，"人家"所具有的角色特征，为使用"人家"进行移情表达提供了坚实的语义基础。

2."人家"移情的言语机制

前面我们论述了"人家"发生移情的内在机制，具体表现在劝解场景的规定性、人物关系格局的可行性以及角色特征的语义基础等三个方面。我们认为，"人家"发生移情，并不仅仅具有内在机制，而且也是有言语表达的现实基础的。

在语料考察的过程中我们发现，言者在使用人称代词"人家"进行移情表达时，往往伴有一些具体的和外在的言语表达形式，这一点也是需要我们加以关注的。这些言语表达形式，可以帮助我们进一步认识和理解"人家"移情的内在机制。

在言者与听者进行会话的言语进程中，或多或少地存在着一些可以辅助我们判断"人家"发生移情的具体言语表现。这些言语表现主要包括句法、虚词和修辞等手段。下面做一些简要的说明。

（1）"人家"移情的句法表现

从语料观察中我们看到，言者在使用"人家"进行移情表达时，在其话语中还使用一些能够辅助进行移情表达的句法手段，比如使用具有典型行为特征的动词、词语重叠、特定短语结构、特殊句式（如"V 得 C"、比字句、把字句、被字句、祈使句），等等。我们相信，这些句法手段，可以帮助言者更好地传达对所指对象进行移情的信息。让我们看两个例子：

（46）[王贵对王贵的娘]：娘啊，人家是南方农村呀，南方的，比咱这儿富裕，真的。(《王贵与安娜》)

（47）[安娜对王贵]：然后去划船，东摇西晃的，把我们全晃晕了不说，好讲不听歹讲不听，最后呢把两只桨全给我弄到水里去了，害得人家刘波赔钱不说，还被管理员骂得狗血喷头。(《王贵与安娜》)

例（46）中，言者用"人家"传达出对南方农村的称羡，在语句上使用"比"字句，更加明确地表达"南方农村的条件比北方农村好"的观点，这就为"人家"的移情提供了有力的支持。例（47）中，安娜的儿子因调皮而给刘波添了很多麻烦，言者安娜使用富有感情的动词"害（得）"来表达对刘波的歉疚之意，从而辅助实现对"人家刘波"的移情。

（2）"人家"移情的虚词表现

从语料我们还看到，言者在使用"人家"进行移情表达的过程中，也大量使用包括连词、副词、语气词等在内的虚词成分。这些虚词成分的使用，在相当程度上帮助了言者进行移情表达。这也是我们判断"人家"具有移情功能的重要参考。例如：

（48）[蒜头对安娜]：那你跟谁过不是一辈子啊。那古时候的人连面都没见过，洞房花烛的时候啊，连是花脸和麻子都不知道，人家不照样过一辈子嘛！（《王贵与安娜》）

（49）[护士对医院保洁大妈]：你不知道呀，这打下来呀居然是个儿子，真是自作孽呀！不过人家家属自个儿签的名，我们也没办法，真是痛心啊！（《王贵与安娜》）

（50）[安安对安娜]：哎哟喂，真是的，还天天看不上人家琼瑶大妈呢，我看你本人就够琼瑶的了。这都奔六十去的人了，还这么活在幻想里呀？（《王贵与安娜》）

例（48）中，言者用语气词"嘛"表达了一种无奈的情绪，这与言者对"人家"（指古人）所表达的同情是协调的。例（49）中，言者（护士）用连词"不过"表达对事理的轻转，这与言者对"人家"（人工流产者）所遭受损失的无奈也是一致的。例（50）中，言者安安使用感情色彩丰富的语气成分"哎哟喂"和"真是的"来表达对听者（母亲安娜）的讽刺挖苦，这与言者对"人家琼瑶大妈"的负面态度也是彼此呼应的。

（3）"人家"移情的修辞表现

从实际言语表现来看，除了句法和虚词手段的使用外，有时候言者也使用一定的修辞手法（如比喻、比拟等），对"人家"的所指对象或是所关涉的对象进行描述，从而直接或间接地实现对"人家"所指对象的移情。让我们来看两个例子：

（51）[安娜对王贵]：对他千日好，没喝过他倒的一杯茶。外边随便领回来一只鹦鹉，倒跪在地上替<u>人家</u>脱鞋。不孝顺！（《王贵与安娜》）

（52）[王贵对安娜]：你那个狐狸骚是不是今天走啊？

[安娜对王贵]：嗯。

[王贵对安娜]：你咋不送送<u>人家</u>呢？（《王贵与安娜》）

例（51）中，言者安娜先用"鹦鹉"喻指二多子带回家来的女朋友，接着又用"人家"指代她，从而表达出对这个女孩儿极度不满的情绪。例（52）中，言者王贵先用"狐狸骚"喻指安娜的老同学刘波，然后又用"人家"指代他，表达出视刘波为情敌的复杂心态。这两个修辞手法的运用，有效增强了"人家"的移情表达功能。

3. 小结

综合前文的分析我们认为，人称代词"人家"表达移情功能受到两方面机制的制约：一方面，"人家"所出现的劝解场景的多重因素决定着其移情的内在机制。具体地说就是劝解场景决定了其移情的必要性，人物关系格局决定了其移情的可行性，而所指对象的角色特征为移情的发生提供了语义基础。另一方面，"人家"所在的上下文语句也会出现或句法或虚词或修辞等多重信息来辅助"人家"移情功能的表达。所以我们说，"人家"作为一个特殊的人称代词，具有明确的移情功能，这不仅是言语表达的内在要求，也是言语表达的客观现实。

第六节　本章结语

本章以三部电视剧的台词为语料基础，从会话场景分析出发，对"人家"所在的劝解场景、"人家"所指对象的角色特征及其指称类别与移情功能等进行了细致地观察和描写，并得到如下基本认识：人称代词"人家"是在劝解场景中，基于言者和听者的人物关系格局而由言者使用的一种具有特定话语功能的表达手段。在这一场景中，言者使用"人家"是为了突显其所指对象本身具有的某种角色特征，从而要求听者与自己一起对该对象进行移情，以达到对听者进行劝解的交际意图。"人家"在指称上的复杂性，是其移情功能造成的语用后果，具有内在的统一性。"人家"移情功能的实现，受到会话场景和言语表达两方面机制的制约。

通过对"人家"劝解场景与移情功能关系的研究，我们认为有以下三点值得进一步思考：

第一，人称代词所体现出来的对所指对象的情感评价态度，是否也可以理解为一种情态意义？过去人们习惯于把情态仅仅看作是情态动词等少数成分所具有的表达功能，我们可否把语言中情态成分的范围再扩大一些来看待？

第二，汉语中不同类别的人称代词，显然具有情态表达的明显差异，那种认为人称代词仅具有空间指示意义的认识，对于言语表达机制更深入的研究来说是远远不够的。我们认为，汉语口语中以"人家"为典型代表的人称代词（如"咱"、"俺"等），其所具有的情态表达价值是值得进一步挖掘的。

第三，在其他语言或其他方言系统中，是否也存在与"人家"相类似的某个代词？如果有，那么它们所具有的表达功能是否具有类型学的价值？这些也都是需要深入思考的课题。

第六章　汉语人称代词复用结构的话语功能[*]

——基于电视剧《裸婚时代》台词的分析

提　要　本章以电视剧《裸婚时代》为口语语料样本，着重对"你干什么呀你？"之类的人称代词复用结构进行话语分析。在相关语料统计分析的基础上，我们对此结构的基本面貌、所在场景特征及其情感宣泄功能进行了描写。以上述描写为基础，还就复用代词的语用标记、代句功能及其语气词化等问题进行了理论探讨。我们认为，人称代词复用结构是汉语口语系统中，言者主要用来进行负面情感宣泄的一种话语结构；其复用代词作为一种话语手段，主要用以帮助言者实现情感宣泄的交际意图，因此它有可能会向语气词演化。

关键词　人称代词　复用结构　复用代词　情感宣泄　话语分析

第一节　引言

1. 研究对象和语料基础

　　本章出于对现代汉语口语系统中人称代词功能变异的研究兴趣，讨论汉语口语系统中人称代词（我、你（们）、他）在句尾重复出现这一现象。例如：

　　（1）[李冬与孙晓娆谈刘易阳飙车被抓一事]：<u>你数落我数落个啥呀你</u>？（集18）

---

* 本章简写稿以同名论文发表于《当代修辞学》2012年第3期。

（2）[刘明骂田淑云]：这简直就是个泼妇你！（集 18）

（3）[田淑云夫妇为外孙女名字在逗乐]：什么呀你！（集 19）

例（1）是本章所要讨论的最典型的例子，句首和句尾都出现了人称代词"你"；例（2）和例（3）分别代表了两种稍有变化的形式：例（2）句首的"这"在话语中实际相当于"你"，句尾的"你"可看作是一种复用；例（3）的句首虽没出现"你"，但句尾代词"你"并不可前移说成"你什么呀"，而只宜看作是句首省略了一个"你"，因此我们把这种情况也看作"人称代词复用结构"。

我们把这种句尾用人称代词形式来重复同一小句内（或前一紧邻小句中）某个相同成分的结构称作"人称代词复用结构"。这一结构与口语中的许多现象相关，但并不同质。（参看韩荔华 1994）为了纯化研究对象，我们把口语中大量可看作易位的现象（如"高兴什么呀你？"）排除在外。

本章所使用的语料全部来自电视剧《裸婚时代》。这是一部以 80 后的爱情、婚姻为主题而展开的城市生活题材的电视剧，普通百姓的生活气息浓郁，人物关系复杂，矛盾冲突普遍而激烈，人物对话自然，口语色彩浓厚。我们人工看录、转写了该剧全部 30 集中的人称代词复用结构及其会话场景的必要信息，共得 189 句（段）。根据研究需要，我们对这些结构及其所在的会话场景信息进行细致的考察、分类、统计和描写，这便构成本章讨论的语料基础。

2. 相关研究概述

本章所要讨论的人称代词复用结构，从文献梳理来看，前人研究虽有涉及，但真正相关的研究还较少。与本章直接相关的研究只有孟琮（1982a）和李向农（1985）两项。

孟琮（1982a）讨论了"一个句子，往往是开头的成分在句末又重复出现一次"的现象，具体来说，像"你跟我嚷什么你？"、"我又老丈了我！"、"这回猜对了这回。"、"早晨下雪了早晨。"这些句子，都是该文所讨论的重复现象。该文对此类现象进行了细致的描写和简要的分析，并提出如下一些重要观点：构成 Xa[①] 的主要成分是代词；这种重复格式是口语

---

① 这里的 Xa 指句尾重复的部分。

中的现象，而且是一种纯熟的、流利的口语；用 Xa 的句子一般总是带有比较强烈的语气；Xa 的作用相当于语气成分。该文是此类现象研究最为重要的文献之一。

李向农（1985）在对陈建民（1984）提出补充时认为，像"我真娶着了我"、"你拿来吧你"一类句子中的句尾成分"我"、"你"属于同位的追加成分，并对这类句子的出现场合、语气、作用等做了简单的说明。

由于本章所讨论的人称代词复用结构，与汉语中的许多口语现象相关，我们在此也对其他相关现象的研究文献略做介绍。陆俭明（1980）系统描写了汉语口语中句法成分间的各种易位现象（如"走了吗，她？"），并对这类易位句的特点做出了清晰的概括；陆俭明（1982）针对潘晓东《浅谈定语的易位现象》就陆俭明（1980）所提出的疑义进行了答复；杨德峰（2001）也就陆俭明（1980）提出了补充和修正意见；张伯江等（1995）从信息焦点的角度，分析了主位后置的易位现象（如"别打岔，到底去不去你？"），认为这些句类都是含有强化焦点手段的非常规句；席建国等（2008）讨论的是"本应处于一个句子前面位置的某个语法成分移至话语后面的情况"（如"看看这孩子，太自私了他"），并对这种结构的认知基础和语用功能进行了分析。由于本研究把这种易位或追加的现象同人称代词复用结构严格区分开来，因此在研究范围和定性考察方面不涉及这类现象。

重复等语序变化作为汉语口语中一种重要的现象，引起过许多学者的关注和讨论。陈建民（1990）把汉语口语里的同义重复现象分为追补式、注释式、辐射式、掰开揉碎式等并加以细致描写；韩荔华（1994）从主语、谓语、状语的角度，对口语中的重复现象进行了系统的描写；陈建民（1984）系统地分类描写了补充、注释和更正一类的追加现象；张燕春（2004）主要讨论易位与倒装、易位与追补之间在语法和语义方面的区别。另外，王灿龙（2002）讨论了"S，A 就 A"一类口语中具有回声拷贝特点的结构。文献考察表明，这些研究所涉及的现象与本章所要研究的对象存在较大差异，因而不做进一步的介绍。

从以上文献的简要回顾可以得到如下认识：第一，汉语口语现象十分复杂，学界对口语现象的研究有着良好的传统；第二，就本章所讨论的口语现象而言，真正相关的研究并不多见；第三，汉语口语变异现象十分复杂，交叉问题很多，而已有研究在概念、对象和范围上往往不够清晰，问题探讨的针对性和具体性不够；第四，就汉语口语研究的实际来看，静态描写做得多，动态的话语分析做得还很不够。

3. 基本问题、理论取向和研究目标

本章就人称代词复用结构所展开的研究主要基于以下几个问题：第一，这一结构的形式具有怎样的基本面貌？第二，作为一种话语结构，其会话场景具有怎样的特质？第三，此结构的话语功能是什么？具有怎样的系统性？第四，此结构中的复用代词具有怎样特殊的价值，其未来的演化方向是什么？对上述四个基本问题的探讨和回答，便构成本研究的基本内容。

本研究采取功能主义的理论取向。我们将以话语分析的基本理论和研究范式来指导本研究的展开。这主要体现在：第一，对口语话语功能的探讨应当建立在具体对话语境的基础上；第二，话语形式是言语交际所凭借的手段，是交际意图（从而也是话语意义）的外在标识（吕明臣 2005:96），话语意义是以交际意图为核心而建构起来的（吕明臣 2005:140）；第三，句法现象的本质是话语功能的凝结，汉语的句法结构很大程度上反映的是语用结构（陈平 1987a，张伯江 2011）；第四，话语分析要以定量描写为基础。本章在研究过程中将尽力贯彻和体现这样一些理论主张。

本研究拟在功能主义研究观念的指导下，对人称代词复用结构展开话语分析，希望能够对此结构的外在形式、会话场景和话语功能等方面的特征有所观察、了解和认识，并对此结构所展示出的有关现象进行初步的理论探讨，进而加深对汉语口语相关现象的本质认识。

第二节　人称代词复用结构的基本面貌

在对人称代词复用结构进行话语分析之前，让我们先来观察一下此结构所具有的一些外部特征。我们将从代词分布、语气词分布、主句句类等方面入手，考察此结构的基本面貌。

1. 代词框架及其分布

人称代词复用结构最基本的构成要素是句中的人称代词，它们的分

布形态构成结构的基本框架。表1是对代词结构框架及其数量分布的统计：

表1

人称代词结构框架	数量分布	比例
你（们）……你（们）	142	75.13%
我……我	42	22.22%
他（她）……他（她）	5	2.65%
总　计	189	100%

请看例句：

（4）[童佳倩因为刘易阳在抱孩子时睡着了而生气]：你不行你叫我呀你！（集19）

（5）[田淑云在电话中跟姐姐谈论刘易阳]：我根本就看不了他我。（集5）

（6）[陈娇娇母亲当着田淑云等人骂黄有为拒绝与陈娇娇结婚]：你说，那个人面兽心的东西，他是人吗他！（集25）

这三个例子分别是三类人称代词所构成的结构框架的典型用例。问题在于，在实际话语中，代词所构成的结构框架类型并非全都如此规整，也存在少量的不太典型的框架形式。这其中有主句不完整、代词前后不平行以及句尾代词间隔等三种情形。例如：

（7）[田淑云电话中批评刘易阳对找工作的事不积极]：你居然你，你要考虑一下？（集21）

（8）[刘易阳在给同事打电话]：喂，啊？你怎么搞的你们？行了，我马上过来。（集8）

（9）[李冬对刘易阳为孙晓娆买车事打圆场]：你别往心里去这事，你。（集26）

例（7）中的"你居然你"是个不完整的句子；例（8）中的"你怎么搞的你们"前后代词不平行；例（9）中句尾代词"你"与主句形式稍有停顿、间隔。

考察可知，人称代词复用结构中，以第二人称代词所构成的框架为主要类型，第三人称代词所构成的结构框架只有少量用例；另外，人称代词复用结构基本上是规整的，但也存在少量的变异形式。

2. 语气词框架及其分布

考察发现，此结构有 60% 的用例都带有语气词（其中有近 10% 的用例同时带有两个语气词）。人称代词复用结构中大量存在的语气词是该结构重要的形式特征之一。表 2 展示了此结构中语气词分布的情况：

表 2

语气词框架类型	语气词句位分布	数量分布	比例
双语气词型	[+ 句中][+ 句尾]	18	9.52%
单语气词型	[+ 句中][– 句尾]	97	53.44%
	[– 句中][+ 句尾]	4	
无语气词型	[– 句中][– 句尾]	70	37.04%
总　计		189	100%

下面简要举例说明：

（1）双语气词型：[+ 句中][+ 句尾]

这一类型是指，人称代词复用结构的句中和句尾均带有语气词，它们形成"呀……呀"、"吧……呀"、"吧……啊"、"呀……啊"、"啊……呀"、"啊……啊"、"哪……呀"、"呢……啊"等分布类型。例如：

（10）[田淑云为锦心被摔而与童佳倩争吵、哭闹]：说什么呀？你在说什么呀你呀？（集 24）

（11）[童建业劝阻田淑云出门]：你干吗去呀你啊？（集 14）

（2）单语气词型

这一类型是指，人称代词复用结构的句中或句尾带有语气词，它们具体又分为两种情形：[+ 句中][– 句尾] 型和 [– 句中][+ 句尾] 型。这些语气词主要有（按使用数量的多少排列）：呀、啊、吧、吗、呢、的。例（12）和例（13）分别是这两种分布的代表性用例：

（12）[刘易阳为买奶粉的事与童佳倩争辩]：我没说抠啊我！（集 21）

（13）[红霞劝阻刘易阳去医院]：你傻孩子！医生说什么就听什么，你冤大头你啊！（集 15）

（3）无语气词型

从表 2 可知，在人称代词复用结构中，有 37.04% 的例子没有带语气词，从而形成 [−句中][−句尾] 的格局。但值得注意的是，这些句子基本上都带有情态表达的其他成分，体现出比较明显的情态表达倾向。表 3 是对此类句子中有关情态表现成分的统计：

表 3

情态类型	情态表现成分	用例
语气	就、早就、一……就……、居然、简直、还、当然、根本	20
疑问	什么、怎么、哪、到底、疑问语调	17
程度	真、够、太、这么、越来越	9
否定	没、别、不	7
范围	都	7
可能	能、可能补语	4
条件	要（是）	2
其他	把字句、赶紧、瞎了眼	4

下面仅举含有语气、疑问和程度成分的例子，其他情形从略：

（14）[童佳倩与刘易阳为给锦心喂奶的事争吵]：我怎么了？我怎么了？我受气，所以说现在我就够了我！（集 21）

（15）[陈娇娇在劝说童佳倩]：你说你图什么你？（集 4）

（16）[童佳倩为锦心被摔而对田淑云发火]：我真受够了我。（集 24）

不难看出，这些句子中虽无典型的语气词，但都带有情态表达成分（如"就"、"什么"、"真"等）。可见，这些人称代词复用结构所表达的情态也是十分明确和强烈的。

3. 主句句类及其分布

（1）主句句类的基本功能：唤起和叙述

为了进一步观察人称代词复用结构的形式特征，并为下文的话语分析做些铺垫，我们把此结构中句尾人称代词前的成分看作主句，并观察这些主句的句类及其分布情况。田中春美等编著（1986:21）把言语的交际功能概括为叙述功能和唤起功能，我们据此把人称代词复用结构的主句也分为唤起功能和叙述功能两大类，并对每类的内部成员进行分类而得到表4：

表4

功能类型	主句句类	数量	比例
唤起类	特殊疑问形式	66	59.26%
	一般疑问形式	33	
	祈使形式	13	
叙述类	感叹形式	23	40.74%
	感叹语气形式 / 陈述形式	45	
	反问形式	9	
总　　计		189	100%

由表4可见，特殊疑问形式、一般疑问形式和祈使形式，从言语行为的角度说，都是言者用来唤起听者直接做出回应的言语形式；而感叹形式、感叹语气形式 / 陈述形式以及反问形式，都是言者用来进行自我叙述的表达而不需要听者直接做出回应的言语形式。这两大功能类型具有话语上的本质区别。

（2）对主句句类的描写

先看唤起功能类语句。唤起功能类语句由特殊疑问形式、一般疑问形式和祈使形式三种语句构成。

特殊疑问形式包含有"什么 / 啥、干吗、怎么（原因）、怎么（方式）、哪、谁、为什么"等成分；一般疑问形式包含有"吧、V 不 V、吗、疑问语调、呀、还是"等成分；祈使形式包含有肯定祈使和否定祈使等成分。下面分别举例说明：

（17）[田淑云对刘易阳]：我消什么气呀我？这叫什么事啊？（集2）

（18）[刘奶奶批评儿子刘明]：你晚上睡觉你吃这么多干吗呀你？（集8）

（19）[刘易阳因跟李冬借钱被拒而生气]：你没事吧你？（集9）

（20）[童佳倩因为刘易阳抱孩子时睡着了而生气]：<u>你能不能行啊你</u>？（集19）

（21）[童佳倩对刘易阳]：<u>你睡你的吧你</u>！（集19）

（22）[田淑云对童建业]：<u>你别乐你，你严肃点儿</u>。（集26）

例（17）和例（18）的主句是特殊疑问形式，例（19）和例（20）的主句是一般疑问形式，例（21）和例（22）的主句分别是肯定祈使形式和否定祈使形式。观察语料可知，一般疑问形式和反问形式有时存在纠葛，人们在情感激动的情况下，一般疑问形式也可以用来表达反问功能。这是句类功能交叉的具体表现。

再看叙述功能类语句。叙述功能类语句由感叹形式、感叹语气形式/陈述形式以及反问形式三种语句构成。

感叹句由典型感叹形式（含有"吧、多、够、简直、可、太、真"等）和次典型感叹形式（含有较为强烈的感叹语气表达成分）构成。例如：

（23）[李冬对刘易阳不支持他工作表达不满]：<u>这么说你太无情无义了啊你</u>！（集17）

（24）[童佳倩劝陈娇娇把房子退给黄有为]：<u>你老活在过去的阴影里多憋屈啊你</u>！（集29）

（25）[李冬为让童佳倩给自己剥喜糖吃反遭捉弄而冲她假装生气]：童佳倩，<u>你够狠呢你啊</u>！（集6）

（26）[刘易阳嫌李冬吹牛而跟他在KTV逗乐]：去去去！<u>你能个屁呀你能</u>！（集12）

例（23）、例（24）、例（25）的主句分别是由"……啊"、"多……"、"够……"构成的典型感叹句形式；例（26）的主句则是由强烈的情态成分（"能个屁"）等构成的次典型感叹形式，它们虽不具有典型的感叹形式标记但却也能体现出强烈的感叹语气。

在叙述功能类语句中，感叹语气形式/陈述形式是最为纠结的两个小类：由于许多句子并不具有感叹句的形式标记而仅仅是一个陈述形式，但却表达出说话人明显的感叹语态，以致我们不得不将它们放在一起来讨论。这种感叹语气形式可通过添加相应的语气副词来突显其感叹功能。例如：

（27）[陈娇娇母亲在抱怨陈娇娇]：这死丫头，<u>她这是要气死我呀她要</u>？（集2）

（28）[李冬婉言拒绝刘易阳帮忙找工作的请求]：<u>你没劲啊你啊</u>！（集17）

这两句均可添加"真"来构成感叹句。考察还发现：当主句为陈述形式时，又往往受言者强烈的情感控制而呈现出感叹的语态。例如：

（29）[童佳倩与刘易阳为同学聚会的事而争吵]：你嚷嚷什么呀？<u>我瞎了眼了我</u>。（集21）

（30）[陈娇娇在电话里批评童佳倩学做饭]：童佳倩，你堕落了，<u>你一嫁给刘易阳你</u>！（集7）

吕明臣（2005:177）指出：交际中的任何语言表达都具有情感因素，照这样推论，所有句子都可能是感叹句。我们认为，在陈述和感叹之间并无严格的功能界限，也无确定的形式标志，因而在较为强烈的情感控制下，两者在表达功能上的交集是不难理解的。

反问形式作为叙述功能的主句句类，仅有9例，形式也较简单。主要由"不……吗"、"怎么……啊"、"不……？"、"能……吗"和"……吗"等构成。例如：

（31）[刘易阳嘲笑李冬]：我说了吧，你跟她斗机灵？<u>你不找死吗你</u>？（集6）

（32）[童佳倩与刘易阳为给锦心喂奶的事争吵]：你看看一张张臭脸<u>我怎么进去啊我</u>？（集21）

4. 小结

从上述三个方面的考察可以清楚地看到，人称代词复用结构作为汉语口语中一种较为稳定的语用结构，在人称代词、语气词、主句句类功能的分布方面，都具有非常明显的词汇、语法和功能特征。我们认为，这些特征的存在必然包含着某种更深层次的话语动机，而这将是下文所要着重探讨的问题。

第三节　人称代词复用结构所在的话语场景

　　人称代词复用结构作为一种口语表达形式，其所具有的词汇、语法和功能特征必然受制于其所在的会话场景（也就是特定的语境）。陈平（1987a）所介绍的《话语分析的各个方面：语法》认为，特定的语境常常同特定的词汇、语法特征相联。因此对此结构进行话语分析，必然离不开对其会话场景特征的描述。我们将从此结构所在会话场景中的人物关系格局以及人物冲突类型两方面来展开讨论。

1. 会话场景中的人物关系格局

　　本章语料所依据的《裸婚时代》，是一部以家庭关系为中心，兼及少量社会关系而展开的城市百姓情感生活的电视剧。其中的人物主要有平等和不平等两种关系格局。在平等关系格局中，又以家庭成员间的关系为主、社会成员间的关系为辅；在不平等关系格局中，以"上—下"关系为主、"下—上"关系为辅。其人物关系的基本格局如表5所示。

表5

人物关系格局		数量	比例
平等关系	家庭成员间	84	44.44%
	社会成员间	59	31.22%
不平等关系	上—下	33	17.46%
	下—上	13	6.88%
总　计		189	100%

　　下面，我们对各种人物关系格局略做分析说明。

（1）平等关系格局

　　该剧主要以家庭生活为背景，因此，人称代词复用结构所涉及的对话人物关系主要是家庭成员间的平等关系，其中尤其以三对夫妻（恋人）关系（刘易阳—童佳倩、童建业—田淑云、刘明—红霞）为主。除此而外，也有少量亲戚间的平等关系；而社会成员间的平等关系，主要有朋友、同事和邻里关系等。例如：

（33）[童建业为刘易阳是否适合做女婿而与田淑云争论]：<u>我跟谁比呀我</u>？（集 1 ）

（34）[童佳倩劝阻陈娇娇喝酒]：<u>你疯了你</u>？还拿着烟。（集 25 ）

（35）[李冬回答刘易阳]：<u>我当然信你了我</u>。（集 17 ）

例（33）、例（34）和例（35）分别代表了言者和听者之间作为夫妻、表姐妹和同事之间平等关系的格局。

（2）不平等关系格局

这种不平等关系格局，可以发生在家庭成员间，也可以发生在一般社会成员间。从"言者—听者"人物关系来看，可以分为"上—下"关系和"下—上"关系两种。语料显示，"上—下"关系往往是言者在教训或是劝导听者，而"下—上"关系往往是言者在对听者表达自我委屈的情感。例如：

（36）[红霞劝导刘易阳把锦心接回家来]：想孩子滋味多难受，<u>你懂不懂啊你</u>？（集 29 ）

（37）[童佳倩为锦心被摔而对田淑云发火]：不操心<u>我和孩子还能多活几天我</u>！（集 24 ）

例（36）中的对话者是"母亲—儿子"关系，言者的话语既有劝导也有哀求的意味；例（37）中的对话者是"女儿—母亲"关系，言者的话语满含愤恨与委屈。

（3）人物关系格局对人物冲突的制约

从人称代词复用结构所在会话场景中的人物关系格局来看，此结构主要用于平等关系和"上—下"关系的人物关系格局当中。我们知道，当言者和听者处于平等关系（尤其是家庭成员间）时，是比较容易发生直接冲突的；而当言者对听者处于上位关系时，也容易与听者发生冲突。我们认为，这一人物关系的基本格局，在很大程度上制约着人物间言语行为冲突的发生，而这些冲突与此结构的使用密切相关。这是本章切入此结构进行话语分析的重要视角。

2. 人物冲突的基本类型

人称代词复用结构所涉及的会话者之间的言语冲突，根据对人物关系和剧情的实际考察，可以分为三种基本类型，即真冲突、假冲突和无冲突。下面我们逐一进行简要的描写和分析。

（1）"言者—听者"真冲突

所谓"言者—听者"真冲突，是指在具体会话场景中，听说双方由于价值观念或具体观点的不同而真正发生了言语行为的冲突。根据冲突程度的强弱，可以进一步分为大冲突、中冲突和小冲突三种。大冲突往往表现为言者极端的谩骂或是愤怒；中冲突一般表现为言者不平、不满或是抱怨；小冲突则表现为言者对听者训导或是劝诫等。下面来看具体的例子：

（38）[童佳倩为刘易阳倒掉奶粉而打他]：你他妈疯了吧你！（集22）

（39）[童佳倩与刘易阳在病房争吵]：你什么你？你到底想怎么着你？怎么着你才满意，你说你说！（集15）

（40）[田淑云对童建业不关心女儿的婚事而发火]：你可真够有意思啊？这么大的事你能睡着了你？你心可真够大的你！（集2）

（41）[刘明对家人禁止他熏药表示不满]：这家我待不下去了我看。（集21）

（42）[崔彬劝阻陈娇娇给黄有为打电话]：娇娇，娇娇，你疯了吗你？（集29）

（43）[童佳倩电话催促出租车司机]：你赶紧的你，行行，算了算了。（集29）

例（38）和例（39）是言者与听者发生大冲突的例子，伴有谩骂、逼问等行为，口气强硬；例（40）和例（41）是言者与听者发生中冲突的例子，言者在表达不满或是抱怨，语气比谩骂、逼问要稍轻一些；例（42）和例（43）是言者与听者发生小冲突的例子，言者对听者进行训斥或是催促，语气相对缓和。

（2）"言者—听者"假冲突

所谓"言者—听者"假冲突，是指在具体的会话场景中，听说双方表面上似乎因价值观念或具体观点的不同而发生了冲突，但实际上则往往是亲人、好友之间在打趣或是逗乐，是两者关系亲密友好的表现。例如：

（44）[童佳倩与刘易阳婚后谈心]：什么？到你死的时候在五环边上买套房？我这个还有什么指望啊我？（集6）

（45）[红霞在跟儿子刘易阳谈论骑车上班并亲昵地打他]：你德行吧你！（集11）

例（44）和例（45）是言者与听者发生假冲突的典型例子：例（44）是童佳倩对刘易阳所谓的买房计划表示"不满"，但由于他们正处于新婚蜜月期，因而实际上是小两口在打趣；例（45）是母亲红霞对儿子刘易阳要骑车带着媳妇上下班表面上不满，实则表达亲昵、疼爱的感情。言者与听者发生假冲突是特定关系中的人物在特定情境下所使用的一种话语策略，从口语表达的角度说，它具有特别重要的话语研究价值。

（3）"言者—听者"无冲突

在人称代词复用结构所使用的具体场景中，有一小部分用例发生在"言者—听者"无冲突的情形下。言者使用此结构往往表达对听者关切、自谦或是对第三者不满等情感态度。例如：

（46）[童佳倩对杜毅替自己喝酒而感激]：你没事吧你？你不是不能喝吗？（集20）

（47）[李冬回答总监的表扬]：谢谢总监鼓励！我没做什么我。（集17）

（48）[李冬与刘易阳谈论王彼得]：那也没他那样的，忒欺负人了吧？（集17）

例（46）、例（47）和例（48）是言者与听者之间无冲突的典型例子：例（46）是言者对听者表达关切和感谢的心情；例（47）是言者在听者面前表现自谦的姿态；例（48）是言者在听者面前表达对第三者（王彼得）的不满，并不关涉听者。

（4）小结

我们对人称代词复用结构所在会话场景中人物冲突类型及其与人物关系格局之间的分布情况进行了考察，统计得到表6：

表6

人物冲突类型		人物关系格局			合计	比例
		平等	上—下	下—上		
真冲突	大	33	8	5	46	78.31%
	中	52	13	4	69	
	小	22	9	2	33	
假冲突		14	1	0	15	7.94%
无冲突		22	2	2	26	13.75%
总　计		143	33	13	189	100%

从表6的基本数据可以得到如下三点认识：第一，在平等和"上—下"人物关系格局占主导的情境中，对话人物之间彼此发生或真或假的冲突，从而引发言者对听者宣泄不满的情感，这其间具有内在的逻辑关联；第二，人称代词复用结构在这种会话场景中的使用，是由言者表达特定话语功能的内在需求决定的；第三，人物冲突的类型和数量，与人物关系格局之间具有一定的相关性：大多数的真假冲突都发生在平等关系的人物之间，而具有"下—上"关系的人物之间就没有假冲突发生的实例。

第四节　人称代词复用结构的情感宣泄功能

我们把人称代词复用结构看作是一种话语结构，它具有非常独特的话语功能——情感宣泄功能，即其话语的真正意义不在于传达真值的语义信息，而主要在于传达当下情境中言者的某种情感。吕明臣（2005:172）认为，真正的、有价值的语言研究不仅仅在于对语言结构的描述，而且应该、也必须对语言的一种重要功能即情感功能作出提示[1]，对情感功能的揭示理应成为语言研究的重要课题。本着这一思路，我们在本节将着重探讨人称代词复用结构的情感宣泄功能。

---

[1]　这里的"提示"似应为"揭示"，疑有误。

陈平（1987b）所介绍的《语用学》认为，作为一种社会活动，话语都是为了达到一定的目的而发出的，换句话说，话语是一种语言行为。席建国等（2008）在分析话语后置结构时也指出，话语后置结构不是人们随意、散漫的言语行为，往往是有意而为之。这种句法结构是说话人为表达特定的语用功能而采取的一种语用策略。我们由此推及人称代词复用结构并认为它也应当是说话人为表达特定的话语功能而采取的一种话语策略，即主要用来宣泄言者的情感。下面，我们着重探讨此结构与情感宣泄功能相关的几个问题。

1. 情感类型与情感指向

首先，我们来考察人称代词复用结构的情感类型与情感指向。根据对实际语境的观察，此结构所表达的情感类型可以分为四类，情感指向可以分为三个。

（1）情感的四种类型

我们把人称代词复用结构的情感分为负面情感、假负面情感、中性情感以及正面情感四类。负面情感是言者在话语中所表达出的"愤怒、不满、不平、不解、嘲讽、委屈、辩解、无奈"等一类的情感；假负面情感是言者在话语中所表达出的"打趣、嗔怪、假装生气（责问和批评）、哭穷"等一类的情感；中性情感是言者对听者进行劝解的中立态度；正面情感是言者在话语中所表达出的"诚恳、请求、关切、羡慕、自夸、自谦、恳切"等一类的情感。这些情感类型的具体分析见下文。

（2）情感的三个指向

吕明臣（2005:172）指出，在言语交际中，语句所负载的情感信息总是指向特定对象的。我们根据人称代词复用结构的使用者（即言者）在具体语境中的话语意义，把此结构的情感指向分为三个，即听者指向、言者指向和他者指向。听者指向显然是言者把听者当作话语情感所宣泄的对象；言者指向是言者把自己当作话语情感所宣泄的对象；他者指向是言者把言谈双方共知的第三者（往往不在言谈现场）当作话语情感所宣泄的对象，此时的话语情感并不针对听者和言者自己。

下面，我们结合具体的例子来描述人称代词复用结构由情感类型和情感指向所构成的情感宣泄系统。

2. 情感宣泄系统

人称代词复用结构的情感宣泄功能，由情感类型和情感指向交织成为一个相当复杂的系统。为了能清晰地描述这一系统，我们先用表7来展示此结构在语例中的分布情况，然后再按照情感类型逐一加以分析说明。

表7

情感类型 / 情感指向	负面	假负面	中性	正面	总计
听　者	105	12	7	19	143
言　者	32	3	0	6	41
他　者	4	0	1	0	5
总　计	141	15	8	25	189

（1）负面情感的宣泄

负面情感的宣泄可以指向听者、言者和他者。负面情感是此结构所能表达的一种最基本的情感类型，体现着人称代词复用结构最基本的话语功能。

先看听者指向的负面情感。显然，在实际的会话情境中，言者和听者发生冲突时，言者使用此结构来表达自我的情感并把这种情感宣泄到听者身上，这是此结构使用最多的情形，它主要用于表达言者在当下情境中"或愤怒或不满或嘲讽或不平或不解"一类的情感态度。事实上，这一类型的情感态度在本质上是相同的，只是有程度强弱的差别而已。让我们来分析具体的实例：

（49）[孙晓娓因被刘易阳拒绝求爱而冲路边的司机发火]：你撞呀，你按什么按呀你？干什么玩意儿啊？什么玩意儿啊你。（集24）

（50）[孙晓娓对女摊主替自己织围巾表示不满]：好心好心，你就多管闲事吧你！（集23）

（51）[陈娇娇母亲为陈娇娇抱不平]：我说你呀，你说你怎么这么命苦呀你？（集25）

（52）[刘易阳跟童佳倩谈论补求婚]：<u>这哪根筋又搭错了你？</u>（集 6 ）

结合具体情境我们看到，例（49）~例（52）分别表现了言者对听者所表达出的"愤怒、不满、不平、不解"等情感态度。这些情感的宣泄对象都指向听者。

再看言者指向的负面情感。当言者与听者发生冲突且自己又处于下位时，言者往往选择自我指向的负面情感宣泄方式，以表达此时此刻自己"或愤怒或不满或委屈或无奈或辩解"的情感态度。这种结构全用第一人称代词"我"复用的形式。请看例句：

（53）[童佳倩为离婚的事与田淑云争吵]：我离婚，<u>我离婚怎么了我</u>？（集 23 ）

（54）[田淑云为女儿的事与刘明争吵]：我这，<u>我这悔死了我都</u>。（集 18 ）

（55）[李冬与孙晓娆在餐厅谈心]：我没事蒙你这干吗呀？<u>我这么大人么我</u>。（集 22 ）

例（53）~例（55）分别表现了言者表达"愤怒和不满、委屈和无奈、辩解"等的情感态度，所不同的是，这些情感态度的宣泄对象表面是指向言者自己，实则间接指向听者。在这类情感指向中，言者表达委屈、无奈的情感是最常见的。

最后来看他者指向的负面情感。他者指向的负面情感，是言者把自己"愤怒或不满"的情感宣泄到第三者（往往不在会话现场）身上。这类用例极少，例如：

（56）[童佳倩对着公婆抱怨刘易阳]：你们看看他，回来也不洗漱，什么也不干，他就往这儿一躺，孩子他也不管，你看哭成这样了，他，<u>他就当听不见他</u>。（集 19 ）

这是童佳倩在愤怒地数落刘易阳的不是的典型场景。言者的言谈对象是公婆，显然，此时的言者不便把"愤怒"的情感直接指向公婆，于是转而指向在旁边躺着的第三者刘易阳。

（2）假负面情感的宣泄

前文提及的"言者—听者"假冲突已经表明，在具体场景中，如果听说双方关系亲密、友好但表面上似乎又因某种观念或具体观点的不同而发生冲突，这种冲突往往以打趣或是逗乐的方式呈现，这就是所谓假负面情感的宣泄。它只涉及听者指向和言者指向，所要宣泄的情感主要是"打趣、嗔怪、逗乐或假装生气（责问、批评）以及哭穷"等。例如：

（57）[童佳倩与刘易阳在为做人流的事逗乐]：你知不知道做人流有多疼啊？我最怕疼了，你还笑你！（集1）

（58）[李冬婉拒刘易阳借钱]：我没钱，我都穷死了我。（集23）

这两个例子都是关系亲密者（夫妻、好友）之间在假冲突的情境下所宣泄出的假装不满或生气的情感态度。

（3）中性情感的宣泄

所谓中性情感是言者对听者进行较为冷静客观的劝解、劝慰，一般不涉及言者的主观价值判断。从语料来看这种用例也极少，且主要表现为言者对听者的劝解，只涉及听者指向和他者指向两种。例如：

（59）[刘奶奶与童佳倩谈请月嫂一事]：你放着你婆婆这么好的月嫂你不要，你非请个外人，你图什么呀你？（集17）

（60）[李冬对孙晓娆为买早教卡一事道歉而进行劝解]：刘易阳他也没那么小心眼儿啊他。（集24）

例（59）是刘奶奶希望童佳倩在家坐月子而对她进行的劝说，相对比较冷静；例（60）是李冬劝解孙晓娆不要误解刘易阳。情感指向虽是他者刘易阳，但劝说对象还是听者孙晓娆。

（4）正面情感的宣泄

正面情感是相对于言者在话语中所表达的负面情感来说的。在这类情感表达中，言者使用人称代词复用结构来表达自己"诚恳、请求、关切、羡慕、自夸或是自谦"一类的情感态度。这类情感只涉及听者指向和言者指向两种，用例也不是很多。例如：

（61）[李冬与刘易阳谈心]：你把自己活那么累，你为什么呀你？要换我，我早扛不住了我。（集17）

（62）[刘易阳与童佳倩在床上亲热]：我多乖呀我！（集12）

例（61）是李冬在好友刘易阳遇到困难时对他表示关心和劝慰，态度恳切；例（62）是丈夫刘易阳在讨好妻子童佳倩，含有自夸的意味，但态度是诚恳的。

（5）小结

从以上简要的分析我们看到：第一，人称代词复用结构的情感宣泄功能是一个十分复杂的系统；第二，在这一系统中，言者使用此结构主要是来表达一种负面情感（包括假负面情感），这也是此结构最基本的情感表达功能；第三，情感类型和情感强度，受制于言者和听者（有时也涉及他者）之间的相互关系以及在当下情境中各种因素的相互作用，彼此之间是一种动态的关系，而不是静态的、一成不变的关系。

3. 情感强度与结构连用

我们把人称代词复用结构所表达的情感，大致分为负面、假负面、中性和正面四个子类，各子类内部又相对分为情感程度不等的小类。这是结合语境特征所做出的一种相对的分类。当把这一结构的使用放到更大的语境中去观察时我们发现，人称代词复用结构所表达的情感强度与此结构的连用之间关系密切。下面我们从激烈冲突场景和情感强度两个切入点来观察它们与该结构连用之间的关系。

（1）激烈冲突场景与结构连用

对剧情的考察让我们认识到，人物冲突越激烈，人称代词复用结构的使用概率就越大。让我们先来看两段场景对白。

（63）[刘易阳因飙车被抓，父亲刘明到派出所来狠狠地教训他。]

警察：刘易阳，你家里人过来了。

刘明：（打刘易阳一耳光）你是越来越有出息了你！

警察：（制止刘明）干什么？

刘易阳：爸，我知道错了。

刘明：你说你捅多大娄子呀？咱们家的脸都让你一个人给丢尽了你。

刘易阳：爸，你别说了。我真的知道错了。

刘明：你这是为什么呀？

刘易阳：我就是想着结婚生孩子是我一个人的事，不想花你们的钱嘛！

刘明：你就是没脑子。我们的钱不都是留给你的？你看你现在弄出这事，你怎么收场啊你？

刘易阳：行了，爸，你别说了。我知道错了。（集19）

从这段场景对白我们观察到，父亲刘明因对儿子飙车被抓的事情极为恼火，情感处于极度激动的状态（从动手打刘易阳开始），因此他接连使用了三个人称代词复用结构来教训刘易阳。而刘易阳自知理亏，便一再诚恳地认错，没有一句情感激动的话语，更没有使用一个此类结构。

（64）[田淑云与童佳倩母女俩为锦心被摔而激烈地争吵、哭闹。]

童佳倩：<u>我真受够了我</u>。你折腾我一个人不够，你还连着孩子一块儿折腾！

田淑云：佳倩，佳倩，你你你，你别那么激动，你说妈不是为了你好为了什么呀？我就是真心为了你。

童佳倩：不用你为我好！你就是为了你自己的面子，你怕左邻右舍议论，我受够了，这半年！

田淑云：说什么呀？<u>你在说什么呀你呀</u>？我为你我都操碎了心，你说出这种话来你？

童佳倩：我求求你了！

医生：吵什么吵？这儿是医院。

童佳倩：<u>不操心我和孩子还能多活几天我</u>！

田淑云：佳倩，你太没良心了，这话是你说的哈，你记住了，今后<u>我要是再管你的我就</u>……

童佳倩：对，是我说的，求求你别再管我了。（集24）

由于锦心被摔，田淑云与童佳倩母女俩长期积压的矛盾突然间爆发，双方都感到委屈，因而在这一场景中都处于非常激动的情感状态下，各不相让，双方都多次使用此类结构来宣泄自己压抑的情感。

上述例（63）和例（64）两段对白的场景特征，应当能从一个侧面说明场景类型与此类结构连用之间所具有的密切互动关系。

（2）情感强度与结构连用

考察还发现，言者在情感激动的情形下，往往会连续使用人称代词复用结构来宣泄自己的情感。据不完全统计，言者本人在一段简短的话语中使用此类结构两次或两次以上的语例就有10多段，均为言者处于较为激烈的负面情感控制之下的言语行为。例如：

（65）[童佳倩因刘易阳 K 歌不回家的事而继续对刘易阳发火]：刘易阳，你今天必须把这事给我说清楚了：你大半夜的你关机，还打着加班的幌子来骗我，陪别的姑娘在外面唱歌喝酒，<u>你有意思吗你？你什么意思啊你？</u>（集 13）

（66）[田淑云批评童建业提出让刘易阳住在家里]：<u>你笑什么呀你呀？你有病吧你呀？</u>（集 5）

从以上两个切入点所进行的分析清晰地显示，人称代词复用结构的连用与言者的情感状态密切相关：言者越是情感激动，连用此类结构的概率就越大，所宣泄的情感也就越强烈，它们是彼此相互关联的。

4. 唤起功能弱化与情感宣泄

前文已经讨论了人称代词复用结构主句形式的功能类别，并把特殊疑问形式、一般疑问形式和祈使形式归为具有唤起功能的形式。李战子（2004:25）转述 Halliday 的观点认为，说话的"行为"应该叫作"相互行为，即互动"。我们理解，话语前后之间应当具有相互配合的交互性。陈平（1987a）所介绍的《论语言描写的综合》一文认为：一切话语，无论以口头形式出现还是以书面形式出现，都有三个特征。第一，它们都涉及发话人与受话人双方。第二，整个话语都沿时间轴展开，由一种状态运动到另一种状态，每个特定的话语单位，既是承前，也是启后。第三，话语都是为达到某种目的而发，其组成部分都为这个目的服务。

按照这一思路我们相信，具有唤起功能的话语形式，应当对其后续话语的语义具有内在规定性。聂丹（2005）指出，答语的语义取向在本质上是由问语来决定的，一旦确定了问语的内容，答语的语义取向就被限定在问语所期待的范围内。理想的答语，它的生成在语义内容上应该是定向的。按照这一观点去考察人称代词复用结构所在的实际语境，我们发现其情形是有所偏离的。这也正如聂丹（2005）所言，答语并非总是尽如人意，经常偏离问语的限制。而这正是表面具有唤起功能的人称代词复用结构在话语链上所面临的窘境：其唤起功能因后续应答话语的语义偏离而呈现出严重弱化的倾向。我们认为，这从另一个侧面证明人称代词复用结构主要用以情感宣泄的话语功能。

下面，我们来考察一下 112 例具有唤起功能的人称代词复用结构，观察其后续话语的基本形态，以进一步阐述其情感宣泄的话语功能。

（1）言者不需 / 不等听者回应而连续发话

在此形态下，言者在发出一个具有唤起功能的人称代词复用结构的话语后，他并不需 / 不等听者做出回应而自己连续发话或是主动中断话语。这表明，言者所使用的这一结构，并不是真正具有唤起功能的话语形式，因为言者并不想在自己发话后得到听者的正面回应。这种形态，具体表现为言者话语延续和言者话语中断两种情形。

先看言者话语延续。言者话语延续具体又有两种情况：一种是言者连续发话，间或有第三者插话；另一种是言者突然将话语转向第三者。请看具体的例子：

（67）[童佳倩与陈娇娇谈论黄有为离婚一事]：<u>你知足吧你啊！</u>瘦死的骆驼比马大，人好歹还有一工厂呢，是不是？（集 18）

（68）[红霞为如何睡觉的事与刘易阳争执]

红霞：传染了可不得了，不能打针不能吃药的。<u>你懂什么呀你？</u>

刘明：阳阳听话啊！

红霞：行了，快点儿，吃饭去吧！（集 6）

（69）[田淑云为童佳倩生孩子的事与刘明争执]：<u>你就不吱声，是不是啊你？</u>佳倩，咱就应该这样，找个接生婆，便宜，几百块钱搞定。（集 18）

例（67）是童佳倩在劝说陈娇娇，她发出"你知足吧！"这个祈使话语后，并没有等陈娇娇回应，而是继续发出一连串话语；例（68）是红霞在与刘易阳争执的过程中，刘明中间插说了一句，后来红霞也转移了话题；例（69）是田淑云先与刘明争执，后来突然把言谈对象转向童佳倩。这三例明确地显示：言者虽使用了具有唤起功能的话语形式，但其话语的交际意图并不真正在其唤起功能上。

再看言者话语中断。言者话语中断具体也有两种情况：一种是场景终止，另一种是第三者接话。这两种情况的用例都很少。请看例句：

（70）[田淑云与童建业为女儿做人流的事争吵]

童建业：你疯了吧你呀！

田淑云：干什么呀你？喊什么呀你？……

童建业：<u>你亏你想得出来你</u>！<u>你昏头了吧你</u>？（集4）

（71）[田淑云在医院劝说童佳倩]：我说<u>你还真饿呀你呀</u>？……<u>你要急死我呀你呀</u>？（集2）

例（70）在童建业话语结束后场景终止；例（71）的后续话语为刘易阳向田淑云所做的一大段哭诉哀求（请求同意他和童佳倩结婚）。这两个例子表明，无论是场景终止还是第三者接话，言者所使用的具有唤起功能的话语形式都没有充分体现出其唤起功能的价值。

（2）听者对言者唤起有所回应

此情形中，在言者发出一个包含有唤起功能的人称代词复用结构的话语后，听者接着做出了相应的话语回应。但我们看到，这种回应性话语，与人称代词复用结构唤起功能所要求、所规定的话语内容存在着契合度的差别：有正面回应的，有侧面回应的，也有话题转移的。下面我们来逐一观察具体的情形。

先看听者正面回应的情形。在接收到言者含有唤起功能的初始话语后，听者或用疑问或用反问或用陈述性的话语来做出正面回应。其回应话语的内容与唤起功能话语所要求、所规定的内容契合度较高。例如：

（72）[童佳倩在办公室质问特蕾西]

童佳倩：<u>我占什么便宜了我</u>？

特蕾西：你要让我把话说明白是吗？行啊！……（集5）

（73）[童佳倩在跟刘易阳谈偷户口本一事]

童佳倩：那你什么意思啊？<u>你还想不想结婚了你</u>？

刘易阳：想是肯定想啊。但是咱们能不能想一个比较周全的办法……（集4）

例（72）和例（73）都是听者对言者所发出的含有唤起功能的话语给予正面回应的例子：例（72）中特蕾西在接下来的话语中历数了言者童佳倩所占的种种"便宜"；例（73）中听者刘易阳正面回应了言者童佳倩"想不想结婚"的问题，并对解决问题的办法提出了建议。

再看听者侧面回应的情形。在接收到言者含有唤起功能的初始话语后，听者或用劝阻或用反问或用疑问或用解释性的话语做出回应，其回应话语的内容只与唤起功能话语所要求、所规定的内容相关但并不完全契合。
例如：

（74）[李冬跟孙晓娆为刘易阳辞职的事争论]

李冬：可是你没必要这么极端吧你呀？

孙晓娆：咳，我说冬瓜，是不是你说的，你是刘易阳的好哥们儿
呀？（集21）

（75）[田淑云冲童佳倩发火]

田淑云：那你还得起吗你？

童佳倩：是，您这个是得好好算算。（集24）

例（74）和例（75）都是听者对言者所发出的含有唤起功能的初始话
语给予侧面回应的例子：例（74）中孙晓娆用反问的话语回答了李冬"有
无必要极端"的疑问；例（75）中听者童佳倩用"是得好好算算"来回应
言者田淑云"还得起吗"的问题，并带有反讥的味道。

最后来看听者话题转移的情形。更为偏离的一种情形是，在言者发出
一个含有唤起功能的初始话语后，听者虽然做出了话语回应，但他却转移
了话题，进而也改变了言者初始话语的方向。这种回应性话语，与人称代
词复用结构唤起功能所要求、所规定的话语语义几乎没有什么契合度，是
一种所答非所问的话语形式。我们来看具体的例子：

（76）[童佳倩与陈娇娇聊天]

童佳倩：你想嫁入豪门，你疯了吧你？

陈娇娇：切，你爱信不信，反正我信。（集20）

（77）[童佳倩挽留陈娇娇]

童佳倩：不是，大姨准备半天了，她要请崔彬吃饭，你不能走啊
你！

陈娇娇：崔彬那么一穷博士就能当我的终结者？我妈也太小看我了。
（集2）

例（76）和例（77）都是听者对言者含有唤起功能的话语给予回应但
又故意转移话题的例子：例（76）中陈娇娇转移了言者提出的"想嫁入豪
门"的话题，而转入"让黄有为吃发财药"的话题；例（77）中陈娇娇转
移了言者挽留她吃饭的话题而去谈论对崔彬的态度。

（3）小结

通过对具有唤起功能的人称代词复用结构后续话语语义的考察，我们看到，这些结构的唤起功能虽然在一定范围内得到了回应，但总体上看，由于其后续话语语义内容的偏离而呈现出严重弱化的形态，那些正面回应的话语形式只有 27 例，占具有唤起功能形式全部用例的 24%。表 8 是对人称代词复用结构（唤起功能类）后续话语形态的分类统计。

表 8

有无回应	后续话语类型	具体话语形态	用例
不需 / 不等听者回应	言者话语延续	言者连续发话 / 被插话	44
		话语转向	5
	言者话语中断	场景终止	4
		第三者接话	1
听者有所回应	正面回应	疑问 / 反问	11
		肯定 / 否定陈述	16
	侧面回应	劝阻 / 反问	6
		疑问 / 解释	8
	话题转移		17
总　计			112

吕明臣（2005:56）认为，话语意义是说话人和听话人认知背景相互作用的产物。正是在人称代词复用结构与后续话语的互动中，此结构的唤起功能明显弱化，相应地，其情感宣泄功能却得到了充分的发展。

第五节　对复用代词的几点讨论

人称代词复用结构之所以成为汉语口语系统中一种特殊的结构形式并能表达特殊的话语功能，其关键因素在于句尾人称代词的复用。因此，对此结构的进一步认识还有赖于对复用代词有关问题的理论探讨。下面，我们将从话语标记与话语功能、代句功能与结构成因以及语气词化的可能性三个方面，对复用代词进行讨论。

1. 话语标记与话语功能

前文的描写告诉我们，人称代词复用结构是在主句形式（特殊疑问、一般疑问、祈使以及感叹、陈述和反问）的基础上，加上复用人称代词而形成的一种语用结构。我们还看到，主句形式从句法的角度讲都是普通而常规的句法结构，并无殊异之处。张伯江（2011）指出，汉语句法结构的形成和调整，都可以直接显示语用目的。我们认为，人称代词复用结构是言者对句法结构以人称代词复用的形式进行调整的结果。从这个角度说，复用人称代词完全可以看作是一种语用标记或话语标记，而人称代词复用结构的特殊话语功能——情感宣泄，也因此而产生。举一个例子略做说明：

（78）[刘易阳跟父亲刘明谈心时因父亲误解而解释道]：我不是这意思我。行行行，我就这么一说。（集6）

这一人称代词复用结构是由主句形式"我不是这意思"+复用代词"我"而构成。如果言者只说"我不是这意思"，那么，它是一个普通的否定陈述句，其直陈的语义和语气清楚而强烈。问题是，言者在这一句子形式之后加上了复用代词"我"，形成"我不是这意思我"的话语结构，这就清晰地显示了言者因听者误解自己而产生的"委屈感"。这种"委屈感"正是此结构所要表达的明显的交际意图所在。

综合前文的分析我们认为，人称代词复用结构作为一种话语结构，具有特殊的情感宣泄功能。这一功能的实现，复用代词在其中起到了至关重要的作用。张伯江等（1995）认为，易位句是一个功能类型，是语用现象。我们在这里不妨也做如下推论：人称代词复用结构也是一个功能类型，也是一种语用现象。它也许正处于从语用结构（话语结构）向句法结构结构演进的过程之中。

2. 代句功能与结构成因

我们感兴趣的另一个问题是，人称代词复用结构的形成动因是什么？孟琮（1982a）已经指出，在"一个句子，往往是开头的成分在句末又重复出现一次"的现象中，代词重复出现是最为常见的现象。这又是为什么？

对以上问题的解答，我们认为都与复用代词所具有的代句功能有关。

也就是说，复用代词在句尾，表面上看只是一个代词，实际上它往往代表着一个以代词为主语的句子的完整语义。因此我们认为，复用代词具有代句化的功能。这一点，我们也许可以从人称代词复用结构中的"残句"现象来做些推测。

在我们所考察的 189 例人称代词复用结构中，复用代词部分为单纯代词的有 175 例，还有 14 例为"残句"。这些所谓的"残句"，其实是由"代词＋其他成分"构成的一种非完整句子的特殊现象：它们主要有"代词＋副词"、"代词＋动词"、人称代词类话语标记、代词叠用和代词分离等几种情形。我们认为，它们可能都是由一个完整的句子在特定话语条件下发生变异而产生的特殊话语现象。让我们来观察几个实例：

（79）[童佳倩因刘易阳不会给孩子喂奶而抱怨]：<u>你给热一热呀你倒是</u>。（集 21）

（80）[刘易阳因着急回家而对李冬关 K 歌机表示不满]：<u>你干吗呀你要</u>？（集 13）

（81）[红霞抱怨刘明在熏药]：<u>都说你怎么就不听呢你说</u>？（集 21）

（82）[童佳倩在为找化妆品而哀求奶奶]：<u>我这样我没法见人啊我这样</u>。（集 8）

（83）[田淑云对童佳倩离婚感到窝火]：<u>我要有办法，我</u>！（集 23）

例（79）~ 例（83）分别代表了复用代词部分所呈现的"残句"现象：例（79）中的"你倒是"是"代词＋副词"，类似的还有"我就"、"你真"、"你非"、"我都"等；例（80）中的"你要"是"代词＋动词"，类似的还有"你能"；例（81）中的"你说"是话语标记，类似的还有"我看"；例（82）中的"我这样"是代词叠用，类似的还有"这事你"；例（83）中的"我"是代词分离，类似的还有"我没明白，你！"，等等。

从这些"残句"现象我们推测，人称代词复用结构中的复用代词，很可能是由一个完整的句子变异而来："代词＋副词"也好，"代词＋动词"也好，人称代词类话语标记也好，本质上都承担着一个完整的句子的功能，而代词叠用和代词分离两种情形，也可看出其原本作为句子的价值。因此我们认为，那些纯粹的复用代词，只不过是比这些"残句"形式演进得更为纯化的话语标记而已。张伯江等（1995）在讨论易位现象时已指出，如果把易位句放到一个动态的过程中看，可以认为它是常态句和省略句之间的过渡现象，是一种表达的策略。由此推论，复用代词也可能是一种由省略而来的语用现象，因而人称代词复用结构也可能因此而成为一种过渡现象。这是一种语用策略。

如果这一推论成立的话，那么我们就可以进一步推测：人称代词复用结构的形成是由句法象似性和语言经济性双重原则的作用而产生的。也就是说，复用代词在本质上代表的是一个句子，那么，整个的人称代词复用结构就可以看作是由两个句子形式压缩成的一个话语串。而这从句法象似性的角度来说，形式增加必然带来意义和功能的增加[①]，因此人称代词复用结构可以表达情感宣泄的功能是不言而喻的。让我们来简单分析一个例子：

（84）[童佳倩对田淑云]：妈，<u>你说什么呢你</u>！（集1）

按照我们的认识，"你说什么呢你！"的话语结构应当等同于"你说什么呢？你说什么呢？"显然，在具体话语中，两个相同的句子连用，一般而言都是言者出于某种情感表达的需要，而非出于真值语义表达的需要。人称代词复用结构的功能价值小当如此。

可问题的另一个方面是，情感表达作为人类自然语言非常普遍的一种功能，如果完全按照句法象似性的原则来组织话语，那么自然语言就又会违背语言经济性的原则。为此，既要实现情感表达的充分性，又要符合经济和省力的原则，人称代词复用结构也就在话语的自然演进中产生了。而这正是汉语结构的精妙所在。

3. 复用代词语气词化的可能性

人称代词复用结构中的关键因素——复用代词，今后会如何演化，这也是我们关心的另一个问题。通过多个角度观察我们认为，复用代词很可能会朝着语气词的方向发展。也就是说，这一话语结构中的复用代词，可能将经历一个语气词化的过程。孟琮（1982a）已经指出，这个复用代词相当于语气词，但未加详论。刘丹青（2011）提出了一个大胆而不失严谨的观点：在词类系统中，叹词本质上最接近的词类其实是代词。如果我们对

---

① 汉语中的动词、形容词和名词等句法重叠现象以及重动结构、排比句等，都体现出语义和功能的增值。

这一观点加以发挥，那么人称代词复用结构中复用代词的语气词化，也就不一定是无稽之谈了。我们的推测基于以下几点观察：

第一，人称代词复用结构的情感宣泄功能，要求其句子成分具有强烈的情态表达价值。这一点在前文多方面的考察、描写中已经进行了充分的讨论。作为此结构中最为关键的话语标记，复用代词将被赋予更多、更为明确的情态价值，这是符合逻辑的。况且，复用代词处于句尾的位置，客观上为其语气词化提供了有利的条件。张伯江（1994）指出，句中语气词实际上是说话人对句子信息结构心理切分的手段，并不与句法结构相干，它们只体现篇章功能，而不体现句法功能。因此我们相信，此结构的情感宣泄功能以及复用代词的句尾位置，都将对其语气词化形成有利的条件。

第二，从现实来看，人称代词复用结构中的复用代词，与语气词（或是情态成分）处于非常频繁的同现关系中，有的甚至处于被语气词包围的状态（前后都有语气词）。按照语法化相邻成分相互吸收、影响的机制，在这一环境中的复用代词发生语气词化的可能性自然是很大的。

第三，"残句"的情态特征已经显示复用代词承担着很强的情态表达功能。无论是"你倒是"、"我就"、"你真"、"你非"、"我都"等，还是"你要"、"你能"，甚至是"你说"、"我看"之类，其所表达的情态功能是不言自明的。而当这些成分演进成单纯的复用代词后，其现有的情态功能就很可能加载在这些复用代词身上。那么，复用代词的语气词化也就水到渠成了。

第四，人称代词不平行复用的现象已经显示出其语气词化的迹象。在语料中我们发现了 10 多例人称代词不平行复用的现象。例如：

（85）[刘明不满红霞哭闹]：这有什么大不了的你这！先吃饭先吃饭！（集 7）

（86）[童佳倩与刘易阳为 K 歌的事继续争吵]：要不见红我妈能来找你吗我？（集 13）

（87）[田淑云为童佳倩对相亲的事不上心而发火]：我得趴被窝我就哭我我我……（集 27）

在例（85）~ 例（87）中都出现了代词不平行复用的现象：例（85）用"你这"复用"这"，例（86）用"我"复用"我妈"，例（87）用"我我我……"复用"我"。这些不平行复用代词的共同特点是：已基本失去指代意义，主要用来表达强烈的情感（如"气急败坏地"）并伴有一定程度的轻音化。这些都显示出复用代词语气词化的倾向。

综合以上四点，我们有理由相信：人称代词复用结构中的复用代词，在多种因素的共同作用下，将很可能向语气词演化。

第六节　本章结语

本章对电视剧《裸婚时代》中的人称代词复用结构进行话语分析。在相关语料统计分析的基础上，我们描写了此结构的基本面貌、所在场景特征及其情感宣泄功能系统，并就复用代词的相关问题进行了初步的理论探讨。我们对此结构的基本认识如下：

第一，人称代词复用结构以第二人称代词（你）为主体，呈现出大量带有语气词的情形，其主句句类可分为唤起功能和叙述功能两大类。

第二，此结构主要由具有平等关系和"上—下"关系的会话人物使用，在平等和"上—下"的人物关系格局占主导的情境下，会话者彼此发生或真或假的冲突，从而引发言者进行负面情感的宣泄。而这一冲突的类型与人物关系之间具有相互制约的关系。

第三，此结构的话语功能体现为由情感类型和情感指向交织成的一个复杂的情感宣泄系统，此结构的连用与人物冲突所引发的情感强度呈互动关系。

第四，此结构中的复用代词作为一种话语标记，是激活此结构话语功能的关键所在，它具有代句功能，且具有语气词化的可能性。

总之，人称代词复用结构是汉语口语系统中说话人用来进行情感宣泄的一种话语结构；其复用代词作为一种话语标记，主要作用是言者用来向听者传达情感宣泄的交际意图。这是一种具有独特价值的话语现象，值得我们继续深入探讨。

在对此结构讨论的基础上我们感到，汉语口语现象还存有十分广阔的研究空间，我们可以在以下几方面拓展研究思路和研究方向：

第一，本章研究的虽只是人称代词复用结构的话语功能，但其中最重要的因素无疑是人称代词的一种非典型功能。对汉语中的人称代词，尤其是对第二人称和第一人称代词来说，其语用功能（话语功能）的变异（如董秀芳2005a），具有广泛而特殊的使用价值，是一个非常值得系统挖掘的重要领域。

第二，从汉语口语研究的现实情况来说，汉语中还有许多与此结构相类似的其他复用结构存在，如孟琮（1982a）所提到的各种重复现象以及像"搞什么搞"这种动词复用现象。在这种种重复或复用现象的背后，存在着怎样的共性、差异与机制，也是一个重要的研究课题。

第三，再进一步说，由于口语表达的即时性和现场性，口语中存在着结构、语义和功能的多重变异现象，如韩荔华（1994）所提及的重复与添加、缀附、追补、拆用、删除等，还有姚剑鹏（2008）所提及的会话自我修补以及姚小鹏（2011）所提及的篇章追补等现象。口语中这些常见的句法、语义和语用现象，将是汉语口语语法研究大有可为的新天地，需要我们做更为深入而系统的努力。

第七章　结束语

提　要　本章对全书关于话语分析的主要内容进行了总结，并阐述了我们对话语分析的一些理论认识，对今后推进汉语口语语法研究也提出了基本的设想。

关键词　话语分析　口语语法　理论创新

在对汉语五个典型的口语成分做了如上一些话语分析之后，我们认为有必要对此做一些总结。下面我们从本研究的基本工作、对话语分析的理论认识以及进一步开展汉语口语语法研究等方面谈谈我们的体会和认识。

1. 本研究所做的基本工作

如绪言所说，本研究的基本出发点是对汉语若干典型的口语成分进行话语分析，这便构成了本研究的基本内容。除了第一章第二节关于汉语口语功能（话语）研究的文献回顾及各章的专题研究综述外，本研究的话语分析工作主要体现在以下四个方面：

第一，从研究材料的准备来说，本研究用大量的时间看录、转写了《北京人在纽约》、《编辑部的故事》、《亮剑》、《裸婚时代》、《甜蜜蜜》、《王贵与安娜》等6部电视剧中的有关台词共计2087句（含部分对话段落），另外我们还搜集了王朔、刘心武作品的相关例句670例，这样本研究所用例句共计2757例。这些丰富的口语语料，不仅在一定的规模上从不同的侧面初步展示了汉语口语语法的面貌，更为本研究的开展奠定了坚实而丰厚的语料基础。

第二，结合各专题研究侧重点的不同，本研究对各个口语成分的话语特征，从词汇、语法、语篇等侧面逐一进行了细微的观察并加以定量的描写。在词汇层面，如第四章对进入"人称代词＋NP"结构的NP的语义的描写，第六章对"人称代词复用结构"中代词、语气词和主句形式的分布描写；在语法层面，如第四章对"人称代词＋NP"结构主观性的描写，第五章对"人家"移情的言语机制的描写；在语篇层面，如第二章对《北京人在纽约》和《编辑部的故事》的语篇特征的描写及比较，第三章对《亮剑》宏观语篇特征的描写，第六章对"人称代词复用结构"的话语功能和场景类型的描写，等等。所有这些具体的描写工作，都体现着本研究对于话语分析的基本理念：话语信息的传达是一个综合的信息传递过程，话语特征会以不同的方式在话语的各个侧面传递出话语的具体信息。因此对词汇、语法和语篇特征的描写，理当成为话语分析不可或缺的组成部分。

第三，从对话语境分析出发，努力探求各口语成分以话语意义为核心的典型话语功能。本研究在第四、第五和第六章，都对对话人物关系格局进行了定量描写，并在第六章对对话人物冲突的类型进行了系统的刻画。这些人物关系格局的描写，对探求话语成分的典型功能至关重要。

以此思路为基点，本研究对对话语境中五个口语成分的典型话语功能形成了初步的理解和认识，具体来说是：（1）副词"可"在对话语境中具有激活话语交互性的功能；（2）"人称代词类话语标记"的话语功能具有系统性差异，且这种差异与不同人称代词进入对话语境的能力密切相关；（3）"人称代词＋NP"复指结构具有突显代词所指对象拥有的某种特定 [+属性] 的话语功能；（4）人称代词"人家"具有言者对所指对象进行移情以达到劝解意图的话语功能；（5）"人称代词复用结构"具有主要用于言者宣泄负面情感的话语功能。

对这些口语成分所具有的典型话语功能形成的基本认识，应当说是本研究所取得的最为基本而重要的理论成果，具有一定的理论创新价值。它告诉我们两点：一是对口语（尤其是对话）而言，每一种话语形式都应当具有基本而独特的话语功能；二是任何话语的形式特征背后都应当有其话语意义或话语功能的动因。因此对话语形式与话语功能相互关系的探讨，应当成为话语分析最基本和最核心的任务之一。

第四，经过多年的话语分析实践，我们初步形成了一种具有可操作性且较为有效的话语分析模式。这一模式可以概括为：从对话语境分析出发，通过定量描写话语成分在词汇、语法和语篇等层面的特征并努力把握对话人物关系格局等基本手段，来探求以话语意义为核心的话语形式的话语功能。这一话语分析模式的形成或许具有方法论的意义，它保证了本研究所开展话语分析过程的扎实严谨和结论的新颖可信。

2. 对话语分析的几点认识

通过近五年来对上述五个典型口语成分所做的话语分析的系列工作，我们对开展基于口语的话语分析也有了一些心得体会。现不揣鄙陋，提出来供同行、大家批评指正。

第一，话语对情感的表达是语言表达最基本的功能之一，因而情感在话语中的存在是普遍的和复杂的，同时也是成系统的。从本研究所分析的五个典型的口语成分来看，它们的话语功能多与情感表达密切相关。比如："人家"的移情功能自不待言；"人称代词复用结构"的情感宣泄功能及其系统性和复杂性出乎我们的意料；而"人称代词类话语标记"话语功能的细腻与情感表达也密切相关。

我们认为，由于对话的现场性和即时性，言谈者在面对面交流的情境下，对真值语义信息的传达在很多时候会是冗余的，而此时的话语往往偏向于用来传达言谈者之间的情感，这一点"人称代词复用结构"就表现得十分突出。过去，由于我们更多地关注书面语语法对语义真值信息的表达，因而对语言所具有的情感传递功能关注不够，研究就更不够了。我们十分赞同吕明臣教授关于对话语情感的揭示应当成为语言研究的重要课题的观点，在此也呼吁大力加强对话语情感系统的研究。

第二，对话语境对话语的理解具有重要的价值，重视解剖对话语境中各种相关的要素，是我们系统开展话语分析有力的支点。本研究从对话语境分析出发探求副词"可"的话语功能，从劝解场景出发探求人称代词"人家"的移情功能，从后续话语分析出发探讨"人称代词复用结构"唤起功能的弱化，如此等等。我们还发现，传统的句类划分与句子的实际表达功能之间并不是完全对应的（如感叹语气与陈述形式的纠结），而"人家"

的指称形式、语义角色和移情功能之间又是一致的、统一的。对这些问题的发现与思考，都得益于对口语成分所在对话语境（会话场景）的剖析。这让我们深刻地认识到，对话语境是我们观察话语成分的意义和功能的基础平台，要切实推进话语分析，就应当把研究的视角和重点更多地放在剖析对话语境所构成的各种要素上，诸如会话场景、会话意图、言谈者关系、会话心理、会话策略、会话进程调控、话语结构模式，等等。真正在对话语境框架下分析对话、解剖话语，这是我们应当坚持的话语分析的基本策略。

第三，兼收并蓄，运用多种理论促进话语分析的理论创新。我们认为，话语作为人类言语交际最普遍的形态和最基本的手段，其决定因素的多样性与复杂性，要求话语分析绝不能由单一理论来支撑，而应当由多元理论来指导。人类的话语行为是一个以交际意图为核心的意义建构过程，因此在话语分析中，话语意义理论毫无疑问应当成为话语分析理论创新的核心和基础，但同时我们也必须看到，与此相关的各种语言学理论、观点和方法也都有可能、有必要为话语分析所用。我们主张兼收并蓄地运用多种理论来促进话语分析的发展。

本研究的话语分析实践告诉我们，有关话语意义、话语情感及其指向、话语结构模式、话语进程等一系列话语分析理论，是我们必须要认真学习、借鉴并加以消化、吸收的；同时，像功能语言学（语用学）理论（如预设、言语行为、篇章语法、话语标记、语体学等），对话语分析也不无裨益；而认知语言学理论（诸如主观性、交互主观性、移情、情态、语法化，等等），适当用于话语分析也是好用和管用的；最后还有社会语言学、语言类型学甚至包括口语语料库、口语教学等理论方法，都是可以帮话语分析以一臂之力的。

总之，话语是一个非常庞大而复杂的系统，对这一系统的分析解剖，我们要学会使用"十八般武艺"，而不能"单打一"。只有这样，我们才能真正把话语分析做得全面、做得深透，才能为汉语的话语分析做出更多、更好的成果，从而推进汉语话语分析的理论创新。

3. 推进汉语口语语法研究的几点想法

本研究仅就五个典型的汉语口语成分从话语的角度做了非常初步的分

析。这一工作对于整个汉语口语语法研究而言是极其有限的，也远不成体系。我们希望有更多的人能加入到汉语口语语法研究中来。为切实推进汉语口语语法研究，我们以为可以先从以下三方面工作着手。

第一，进一步强化和巩固语体分类的语法研究意识，真正把汉语口语系统的语法研究提高到应有的地位上来。在过去相当长的时间和相当广的范围内，尽管汉语口语语法研究形成了一定的传统，但汉语书面语系统的语法研究一直是占据主导和优势地位的，而明确区分汉语口语系统和书面语系统的语法研究意识，总体上看是相当薄弱的，至少是不够清晰的。这就导致我们对真正意义上的汉语口语语法系统及其特质关注不够、研究更不够。这种局面对于我们认识和把握口语的基础地位及其与书面语的关系乃至对外汉语口语教学等都是不利的。令人欣喜的是，已经有一批学者清醒地认识到了这个问题并强烈呼吁加强语体分类的语法研究。我们相信，在广大汉语语法学者的共同努力之下，汉语口语语法研究相对薄弱的局面一定会得到扭转，汉语口语语法研究也必将获得更为广阔的研究空间。

第二，汉语口语本身所具有的魅力正在逐渐为人们所了解、所认识，汉语口语语法研究必定大有可观、大有可为。《北京口语语料》和《现代汉语口语语料库》等多个大型汉语口语语料库的建成，为人们大规模、成系统地开展汉语口语语法研究奠定了良好的语料基础；口语（特别是对话）语法的形式、意义和功能及其变异性、多样性和复杂性，已充分显示出它与书面语语法系统的不同面貌，口语语法系统研究也绝不是书面语语法系统研究所能随便替代的；口语对话中那些动态的话语因素对现场话语形成机制的制约作用，也不是以往那种以短语和句子为界的书面语语法研究范式所能观察和发现的，而这些因素，对于探求语言尤其是口语的生命本质特征来说，或许具有更大的研究价值。以上三点让我们有理由相信，汉语口语语法研究一定会吸引更多人的研究兴趣，带来更大的研究动力。

第三，大力开展汉语口语语法的个案研究和系统研究，并以此为基础加强汉语口语和书面语语法系统的比较研究。在过去的几十年中，汉语语法学界已经自觉不自觉地做了许多口语语法的研究工作，尤其是在口语成分的个案研究方面（比如话语标记、语气副词、口语句式等）取得了很多成果，这是我们今后进一步开展口语语法研究的良好基础。但是我们必须看到，这些成果对于汉语口语语法庞大的系统和无数的个体成分来说，也还是十分有限的。因此，要切实推进汉语口语语法研究，我们必须要在系统研究和个案研究两方面下大力气、花真功夫。我们想特别强调的是，为了能对汉语口语和书面语各自的语法系统的本质特征及其相互关联有更为清晰而深刻的认识，我们还必须同时加强两者的比较研究。只有这样，才能把汉语口语语法和书面语语法的研究水平共同推向新的高度。

本研究虽题为《汉语口语成分的话语分析》，但我们深知，本研究所做的工作，无论是对汉语口语语法研究来说还是对话语分析来说，都是十分粗浅和极为有限的。然而令我们感到欣慰的是，这一研究工作已经让我们体味到汉语口语语法研究和话语分析的巨大魅力并看到它们未来的美好前景。我们也相信，一定会有更多的汉语语法研究工作者为汉语口语的话语分析工作所吸引而在这片沃土上辛勤耕耘并不断品尝收获的喜悦。

引用文献 *

北京大学中文系 1955、1957 级语言班编（1982）《现代汉语虚词例释》，北京：商务印书馆。

陈建民（1984）汉语口语里的追加现象，《语法研究和探索（2）》，北京：北京大学出版社。

陈建民（1990）北京口语里的同义重复现象，《中国语文》第 5 期。

陈　平（1987a）《话语分析手册》（第二卷）:《话语的各个方面》述评，《国外语言学》第 2 期。

陈　平（1987b）话语分析说略，《语言教学与研究》第 3 期。

陈振宇、朴珉秀（2006）话语标记"你看"、"我看"与现实情态，《语言科学》第 2 期。

崔希亮（2000）人称代词及其称谓功能，《语言教学与研究》第 1 期。

戴志军（2006）现代汉语人称代词系统的语用认知研究，《云南师范大学学报（对外汉语教学与研究版）》第 4 期。

丁声树等（1979）《现代汉语语法讲话》，北京：商务印书馆。

董秀芳（2003）"X 说"的词汇化，《语言科学》第 2 期。

董秀芳（2005a）现代汉语口语中的傀儡主语"他"，《语言教学与研究》第 5 期。

董秀芳（2005b）移情策略与言语交际中代词的非常规使用，载《现代汉语虚词研究与对外汉语教学》（齐沪扬主编），上海：复旦大学出版社。

杜道流（2002）指代词"人家"的修辞作用，《修辞学习》第 3 期。

方　梅（1998）北京话他称代词的语义分析，载《句法结构中的语义研究》（邵敬敏主编），北京：北京语言大学出版社。

---

* 为方便阅读，此引用文献不包括仅在第一章第二节所提及的各种文献。

方　梅（2005）认证义谓宾动词的虚化——从谓宾动词到语用标记，《中国语文》第 6 期。

方　梅（2007）语体动因对句法的塑造，《修辞学习》第 6 期。

冯胜利（2010）论语体的机制及其语法属性，《中国语文》第 4 期。

冯胜利（2011）语体语法及其文学功能，《当代语言学》第 4 期。

耿小敏（2006）"我说"类元语言的研究，上海师范大学硕士学位论文。

谷　峰（2004）"你说"的语法化，《中国语文研究》第 18 期。

郭继懋、沈红丹（2004）"外人"模式与"人家"的语义特点，《世界汉语教学》第 1 期。

郭圣林（2007）"NP+ 我"与"我 + NP"的语用考察，《南京师大学报（社会科学版）》第 4 期。

郭昭军（2004）现代汉语中的弱断言谓词"我想"，《语言研究》第 2 期。

韩荔华（1994）论重复，《语言教学与研究》第 3 期。

何元建（1996）"可"字型问句的反诘语气，《汉语学习》第 4 期。

侯学超（1998）《现代汉语虚词词典》，北京：北京大学出版社。

江蓝生（1990）疑问副词"可"探源，《古汉语研究》第 3 期。

蒋冀骋、吴福祥（1997）《近代汉语纲要》，长沙：湖南教育出版社。

蒋协众（2008）也谈副词"可"的用法及其教学，载《现代汉语虚词研究与对外汉语教学》（第二辑）（齐沪扬主编），上海：复旦大学出版社。

黎锦熙（1992）《新著国语文法》，北京：商务印书馆。

李锦望（1993）人称代词和指人名词的组合及其结构、语义分析，《渤海学刊》第 3 期。

李锦望（1995）"自己、人家、大家"跟指人名词组合及其结构关系，《逻辑与语言学习》第 5 期。

李　泉（2003）基于语体的对外汉语教学语法体系构建，《汉语学习》第 3 期。

李向农（1985）对《汉语口语里的追加现象》的一点补充，《汉语学习》第 4 期。

李战子（2004）《话语的人际意义研究》，上海：上海外语教育出版社。

刘丹青（2011）叹词的本质——代句词，《世界汉语教学》第 2 期。

刘丹青（2011）"语言库藏类型学"构想，《当代语言学》第 4 期。

刘丹青、唐正大（2001）话题焦点敏感算子"可"的研究，《世界汉语教学》
　　第 3 期。

刘雪芹（2010）论指代词"人家"的指称意义，《西南农业大学学报（社会
　　科学版）》第 2 期。

刘勋宁（2009）在对话中研究语言，"语言教学与研究国际学术讨论会"参
　　会论文（未刊稿）。

刘月华（1986）对话中"说"、"想"、"看"的一种特殊用法，《中国语文》
　　第 3 期。

刘月华、潘文娱、故　铧（2001）《实用现代汉语语法》（增订本），北京：
　　商务印书馆。

陆俭明（1980）汉语口语句法里的易位现象，《中国语文》第 1 期。

陆俭明（1982）关于定语易位的问题，《中国语文》第 3 期。

吕明臣（2005）《话语意义的建构》，长春：东北师范大学出版社。

吕叔湘（1982）《中国文法要略》，北京：商务印书馆。

吕叔湘（1985）《近代汉语指代词》，上海：学林出版社。

吕叔湘主编（1999）《现代汉语八百词》（增订本），北京：商务印书馆。

罗晓英、邵敬敏（2006）副词"可"的语义分化及其语用解释，《暨南学报
　　（哲学社会科学版）》第 2 期。

罗云飞（2008）试论姓名和人称代词构成的同位短语位序问题，《现代语文
　　（语文研究）》第 7 期。

孟　琮（1982a）口语里的一种重复——兼谈"易位"，《中国语文》第 3 期。

孟　琮（1982b）口语"说"字小集，《中国语文》第 5 期。

莫珍珍、田志飞（2009）"人家"指称功能转变原因分析，《铜仁职业技术
　　学院学报（社会科学版）》第 12 期。

聂　丹（2005）言语进程中问语的选择，《中国社会科学》第 4 期。

齐春红（2008）《现代汉语语气副词研究》，昆明：云南人民出版社。

屈承熹（2006）《汉语篇章语法》（潘文国等译），北京：北京语言大学出
　　版社。

邵敬敏（2003）"人家"的指代功能及语义分析,《语法研究和探索（十二）》,北京：商务印书馆。

沈家煊（1994）语法化研究综观,《外语教学与研究》第 4 期。

沈家煊（2001）语言的"主观性"和"主观化",《外语教学与研究》第 4 期。

盛继艳（2006）语气副词"可"的语义分析,《佳木斯大学社会科学学报》第 6 期。

唐正大（2005）关中方言第三人称指称形式的类型学研究,《方言》第 2 期。

陶红印（1999）试论语体分类的语法学意义,《当代语言学》第 3 期。

田中春美等编著（1986）《语言学漫步》（刘耀武译）,西安：陕西人民出版社。

万中亚（2006）从视角转换看"人家"的语义,《周口师范学院学报》第 11 期。

汪卫权（2000）人称代词与指人名词的语义关系,《淮南师专学报》第 1 期。

王灿龙（2002）现代汉语回声拷贝结构分析,《汉语学习》第 6 期。

王冬梅（1997）指代词"人家"的句法、语义考察,《汉语学习》第 4 期。

王慧慧（2006）代词"人家"自称的社会语言学研究,暨南大学硕士学位论文。

王　珏（2004）《汉语生命范畴初论》,上海：华东师范大学出版社。

王　力（1955）《中国语法理论》（上册）,北京：中华书局。

王　力（1985）《中国现代语法》,北京：商务印书馆。

王喜伶（2008）论"人家"的模糊语义,《现代语文》第 4 期。

王治敏、李　芸、俞士汶（2004）人称代词和名词的组合搭配研究,第二届全国大学生计算语言学研讨会论文集。

吴福祥（2004）近年来语法化研究的新进展,《外语教学与研究》第 1 期。

吴福祥（2005）汉语语法化研究的当前课题,《语言科学》第 2 期。

吴伟萍、肖友群（2006）代词的语用功能及翻译探析——以《红楼梦》"人家"为例,《江西社会科学》第 10 期。

吴卸耀（2002）自称调节人际关系的功能与言语情景,《修辞学习》第 6 期。

席　嘉（2003）转折副词"可"探源,《语言研究》第 2 期。

席建国、张静燕（2008）话语后置的认知基础及其功能分析，《语言教学与研究》第 6 期。

谢芷欣（2004）我说口语结构"我说"，《东莞理工学院学报》第 2 期。

闫亚平（2007）人际功能与"人家"所指的扩张，《语言教学与研究》第 2 期。

杨春冉、杨青云（2006）指代词"人家"的指称功能及修辞效果，《安徽文学》第 11 期。

杨德峰（2001）也论易位句的特点，《语言教学与研究》第 5 期。

杨惠芬（1993）副词"可"的语义及用法，《世界汉语教学》第 3 期。

杨敬宇（1998）"人称代词＋指人名词"结构的歧义，《汉语学习》第 3 期。

姚剑鹏（2008）对会话自我修补的研究，《当代语言学》第 2 期。

姚小鹏（2011）追补性"当然"的篇章功能，《语言教学与研究》第 6 期。

姚占龙（2008）"说、想、看"的主观化及其诱因，《语言教学与研究》第 5 期。

曾立英（2005）"我看"与"你看"的主观化，《汉语学习》第 2 期。

翟颖华（2004）旁指代词"人家"的构成及其语用状况考察，《修辞学习》第 4 期。

张爱玲（2006）"人称代词＋专有名词"及其表达效果，《长春师范学院学报（人文社会科学版）》第 3 期。

张伯江（1994）汉语句法的功能透视，《汉语学习》第 3 期。

张伯江（2007）语体差异和语法规律，《修辞学习》第 2 期。

张伯江（2011）汉语的句法结构和语用结构，《汉语学习》第 2 期。

张伯江、方 梅（1995）北京口语易位现象的话语分析，《语法研究和探索（七）》，北京：商务印书馆。

张伯江、方 梅（1996）《汉语功能语法研究》，南昌：江西教育出版社。

张 黎（2003）"有意"和"无意"——汉语"镜像"表达中的意合范畴，《世界汉语教学》第 1 期。

张炼强（1982）人称代词的变换，《中国语文》第 3 期。

张旺熹（1999）《汉语特殊句法的语义研究》，北京：北京语言大学出版社。

张旺熹（2006）《汉语句法的认知结构研究》，北京：北京大学出版社。

张雪平（2005）"可"的程度意义及其来源和演变,《天中学刊》第 6 期。

张燕春（2004）易位与倒装和追补,《汉语学习》第 6 期。

张谊生（2000）《现代汉语副词研究》,上海:学林出版社。

赵　明（2009）代词"人家"的交际功能,《现代语文（语言研究版）》第 11 期。

赵元任（1979）《汉语口语语法》（吕叔湘译）,北京:商务印书馆。

周日安（2006）指别式同位句与谓词隐含,《中国语研究》第 48 号,东京:白帝社。

朱德熙（1982）《语法讲义》,北京:商务印书馆。

朱玲丽（2009）现代汉语"人称代词＋称谓词"研究,江西师范大学硕士学位论文。

邹　渊（2006）人称代词和指人名词组合的语用分析,《语言文字修辞》第 4 期。

Brinton, Laurel J.（1996）*Pragmatic Markers in English: Grammaticalization and Discourse Functions*. Mouton de Gruyter.

Fraser, Bruce（1996）*Pragmatic Markers*, Pragmatics 6.

术语索引 *

---

* 仅列重要术语及其初现的章节，按音序排列。

后　记

2006 年 6 月，我的第二本语法书《汉语句法的认知结构研究》出版后，因忙于各种行政事务而无暇顾及学术研究长达近两年的时间。2008 年下半年，当我重新开始学术思考时，我和当时在读的博士生李慧敏合作，着手研究起副词"可"的问题来。

由于那篇论文是从对话框架出发来思考"可"的交互主观性问题，这就自然引发了我们对"对话语境"、"言者"、"听者"、"口语"、"话语功能"等话题的关注。由此，我个人的研究兴趣也就从认知转向了功能，尤其是转向了与汉语人称代词有关的口语成分的话语分析上来。此后的四篇论文便是顺着这个思路写下来的。

2012 年初，当我完成第五篇论文《汉语人称代词复用结构的话语功能——基于电视剧〈裸婚时代〉台词的分析》时，我发现这五篇论文虽完成于不同的年份，但基本的研究思路和内容框架是一脉相承的，于是我便产生了把这些论文统一编订成书加以出版的想法。经过一番整合、加工、修改和润色，再增写了绪言、结束语等部分的内容，这本名为《汉语口语成分的话语分析》的小书便有了现在的模样。需要说明的是，在编订成书的过程中，我只是对原来各自独立的论文做了一些必要且可行的技术处理（如各种体例的统一等），订正了原稿中的文字差错，其他未做大的改动。

对我来说，编订出版此书大概出于这么几点考虑：一是这五篇论文作为单篇论文发表时，受杂志篇幅的限制，或多或少都有删节，因而不能完全展现这些论文的全貌，这对作者和读者来说不免有些遗憾；二是近五年的话语分析做下来，确实感到有必要做一个阶段性的总结；三是如能把这项研究成果辑集出版，对汉语口语研究和对外汉语口语教学或许是有益的。

在本书正式出版之际，我要说的还是那些虽无新意但却不能不说的感谢的话。

　　我首先要感谢我的硕士导师葛本仪教授以八十高龄为本书作序。葛老师自收我为弟子以来，一直以慈母的心怀呵护、关爱、鼓励和鞭策着我的成长。在今后的学术道路上我将更加坚定、更加努力、更加专心地按照她老人家的期望前行。

　　我要衷心感谢我的博士导师齐沪扬教授。每当我在工作中遇到困难、陷入迷惘的时候，齐老师都会及时地为我指引并拨正前行的方向，帮我寻找那让人凝神静气的学术天空。

　　我要特别感谢我的三位合作者李慧敏、姚京晶和韩超，是她们的努力使我能顺利而高效地完成对本书有关问题的探讨，这种师生合作研究的过程也让我认识到教学相长的真正价值。同时，我要感谢香港城市大学博士生乌云赛娜为本书英文翻译所做的出色工作。

　　我要真诚地感谢我的中外博士、硕士研究生同学，他们给我以无形的压力，让我在学术道路上不轻言放弃、不稍敢懈怠，是他们推动着我虽不快但却一直在前行的脚步。

　　我要深深地感谢我的家人，没有他们的包容与理解、支持与奉献，我不可能心安理得地把大量本该用来做家务、陪他们或是休息的时间，都耗在办公室和家里的电脑上，那也就不会有我的这第三本语法书现在问世。

　　最后，我要十分感谢《当代修辞学》、《汉语学习》、《语言教学与研究》等杂志，感谢北京语言大学出版社，他们为本系列研究论文的发表以及本书的出版提供了最好的机会和最有力的帮助。

　　2012 年是一个不平凡的年份：这一年是我所在的北京语言大学建校50 周年，是我在北京语言大学工作第 25 年、担任研究生导师第 15 年，也是在北京语言大学工作的我"知天命"之年。谨以出版本书的方式，来纪念和感念于我有这许多意义的 2012 年。

张旺熹谨记
2012 年春于北语